문법 연구의 방법 모색

문법 연구의 방법 모색

문법 연구의 방법 모색

김의수

도서출판 박이정

문법 연구의 방법 모색

초판 인쇄 2007년 10월 10일
초판 발행 2007년 10월 15일

지은이 김의수
펴낸이 박찬익
편 집 김은영·김민영

펴낸곳 도서출판 **박이정**
130-070 서울시 동대문구 용두동 129-162
Tel (02) 922-1192~3, Fax (02) 928-4683
Http://www.pjbook.com, E-mail pijbook@naver.com
온라인 (국민) 729-21-0137-159
등록 1991년 3월 12일 제1-1182호
ISBN 978-89-7878-958-5 93710

값 10,000 **원**

※ 저자와 협의하에 인지를 생략합니다.

머리말

　이 책은 그동안 저자가 문법 현상을 관찰해 오면서 매우 구체적으로 느낀 문제들과 그것을 극복하기 위해 현실적으로 고민하는 과정에서 얻게 된 내용들을 바탕으로 한다. 그 중에는 이미 많은 사람들이 공유하고 있는 것이 있는가 하면, 저자가 처음 본격적으로 제안하게 된 것도 있다. 오래 전부터 익히 알려진 것도 있고 비교적 근래에 들어서야 각광을 받게 된 것도 있다.

　저자가 이 책을 기획하게 된 이유 중의 하나는, 이제까지 문법을 연구해 오면서 저자 자신이 알게 모르게 견지해 온 연구 방법론을 스스로 점검해 보기 위함이다.

　지금은 모두 어느 정도 익숙해진 것들이지만 그 하나하나를 체득하는 과정에서 적지 않은 노력과 고통이 뒤따랐다. 문법 연구 방법론이란, 일종의 메타 문법 이론으로서, 문법 이론 자체보다 한 단계 더 추상화된 것이므로 그 자체만을 직접 들을 수도 쉽게 터득할 수도 없는 노릇이다. 방법론에 대한 것을 우연히 접하게 되었다고 해도 구체적인 언어 현상에 대한 이해가 없거나 부족하여 그것을 온전히 받아들이지 못하게 되거나, 구체적인 언어 현상에 대한 이해에는 도달하였지만 단지 그것에만 만족해야 할 뿐, 더 나아가 그것과 다른 것을 연결해 줄 어떤 끈 같을 것을 잡기가 여간 어려웠던 것이 아니다.

이러한 점들이 저자로 하여금 문법 연구 방법론을 주요 논제로 다루는 이와 같은 책이 필요함을 절실히 깨닫게 하였다. 이것이 바로 본서를 집필하게 된 두 번째 동기이다. 문법 연구의 영역에 갓 들어온 이들이나 자료 속에 파묻혀 잠시 갈 길을 잃은 이들은 이 책을 통해 구체적인 문제를 해결해 나가는 데 지침이 될 만한 연구 방법들을 만나게 될 것이다.

결국, 이 책은 저자 개인에게는 지금까지의 연구 방향을 점검하고 내일의 연구를 가늠해 볼 수 있는 전환점이 되어 줄 것이며, 다른 이에게는 문법 연구의 방법이나 태도에 대한 진지한 고민의 순간을 가져다 줄 것이고, 더 나아가서는 외래 이론의 수용과 자생 이론의 발생이 어우러지고 있는 한국어 문법의 생생한 연구 현장을 한 장의 스냅 사진처럼 담아낼 수도 있을 것이다.

이 책은 4부 5장으로 구성되어 있으며 각 장은 문법 연구의 단계별로 그 구체적인 방법론을 논의한다. 그 가운데 제2부는 연구 결과를 도출해 내는 과정에 대해 연구 목표의 차원과 도구의 차원, 자료의 차원에서 논의한다. 제3부는 도출된 연구 결과를 해석해 내는 것에 대해 이론의 차원과 단위의 차원에서 살펴본다. 각 장은 추상적인 언술과 구체적인 사례 검토를 모두 포함함으로써 이론과 실제를 모두 보여준다.

도전과 의욕으로 가득 찬 이 책을 이렇듯 아담하고 정성스럽게 출판해 주신 도서출판 박이정의 박찬익 사장님께 깊이 감사드린다. 아울러 거친 원고를 가다듬어 단아한 책으로 만들어 주신 편집부 선생님들께도 고마운 마음을 전한다.

저자가 대학원에 들어와 지금까지 문법을 연구해 온 것이 벌써 만 12년이 넘는다. 그동안 몇 차례 삶의 전환점을 맞게 되었으나 올해만큼 뜻 깊은 해도 드물다. 변화의 한가운데 서 있는 사랑하는 나의 아내 이소영에게 이 책을 바치고 싶다. 정성으로 우리 내외를 돌보아 주시는 아버지와 어머니, 그리고 사랑으로 모든 것을 껴안아 주시는 장인어른과 장모님께 감사의 말씀을 올린다. 누나와 동생, 처형, 처남과도 즐거움을 함께 하고 싶다. 매 순간마다 함께 하시며 인도해 주시는 은혜의 하나님께 깊이 감사드린다.

2007년 10월
저자 씀.

목 차

• 머리말 _ 5

I. 서론 _ 11

II. 연구 결과의 도출 _ 19

   1. 형식적인 문법(연구의 목표) _ 21
   2. 보편적인 문법(연구의 도구) _ 55
   3. 객관적인 문법(연구의 자료) _ 91

III. 연구 결과의 해석 _ 115

   4. 교차적인 문법(이론의 차원) _ 117
   5. 비단선적 문법(단위의 차원) _ 141

IV. 결론 _ 183

• 참고문헌 _ 193
• 찾아보기 _ 203

I. 서론

이 책에서는 문법에 관한 5가지 연구 방법론을 논의하고자 한다. 그것을 모두 열거해 보면 '형식적인 문법', '보편적인 문법', '객관적인 문법', '교차적인 문법', '비단선적인 문법' 들이다.

이들은 각기 독립적인 주제들이기도 하지만 문법 연구의 단계에 맞추어 관련지어 볼 수 있다. 예컨대, '형식적인 문법'은 문법 연구의 목표 설정과 연관이 있고 '보편적인 문법'은 문법 연구의 도구 즉, 이론적인 틀의 선택과 관련이 있다.

다섯 가지의 연구 방법론에 대해 구체적으로 살피기에 앞서 여기서는 우선 그들이 문법 연구의 제 단계와 어떻게 연관을 맺고 있는지를 살피기로 한다. 이를 통해 이 책에서 말하는 문법 연구 방법론의 지형학을 조감할 수 있을 것이다.

* * *

문법의 연구는 여느 학문의 그것과 마찬가지로 연구 결과를 도출해 내는 과정과, 연구 결과를 해석하는 과정으로 나누어 볼 수 있다. 다시 말해, 어떤 특정한 문법 현상이 발견될 때, 우선 그것의 배후에 있는 원리가 무엇인지를 캐내는 과정이 존재하고, 다음으로는, 그렇게 해서 캐낸 원리가 그 자체로서가 아닌 문법의 더 큰 차원에서는 어떻게 해석될 수 있는지, 즉 문법의 전체적인 이론 체계 내에서 그것이 갖는 위상이 무엇인지를 음미하는 과정이 존재한다.

먼저 첫 번째 과정을 자세히 들여다보면 그것은 다시 세 가지 하위 절차로 나뉨을 알 수 있다. 문법 연구의 '목표'를 설정하는 단계, 연구의 이론적 '도구'를 채택하는 단계, 구체적으로 검토할 연구 '자료'를 고르는 단계.

문법 연구의 '목표'를 설정한다는 것은, 연구자가 자신의 눈앞에 놓여 있는 미지의 문법 현상에 대해 무엇에 초점을 두고 연구할 것인가를 정한다는 의미이다. 여기서 '왜' 중심의 문법 연구와 '어떻게' 중심의 문법 연구를 생각해 볼 수 있다. 양자 모두 현상의 배후에 숨어 있는 원리를 찾아내려는 데 목표를 둔다는 점에서는 같다. 그러나 전자는 주어진 문법 현상이 존재하게 된 원인을 탐구하려는 데 초점을 두는 반면, 후자는 주어진 문법 현상의 작동 원리 그 자체에 관심을 갖는다. 양자 모두 필요하지만, 문법 연구가 인간의 언어지식을 밝히는 것이라면 후자의 연구가 더 중요하고 핵심적인 가치를 지닌다고 생각한다. 이에 대한 상론은 제Ⅱ부의 1장 '형식적인 문법(연구의 목표)'에서 이루어진다.

한편, 연구 결과의 도출 과정에서 고려되는 두 번째 단계는 문법 연구에서 도구로 사용되는 '이론 틀'(이론 체계)을 선택하는 것이다. 여기서는 크게 두 가지를 고려할 수 있다. '개별언어' 중심의 문법 이론 체계와 '보편언어' 중심의 문법 이론 체계가 그것이다. 전자가 어떤 특정한 언어의 총체적인 문법 기술을 궁극적인 목적으로 삼는다면, 후자는 개별언어의 문법 기술을 넘어 언어들 간의 대조 연구를 통해 언어의 보편성을 탐구하고자 한다. 언어가 개별성과 함께 보편성을 가진다고 할 때, 이 두 가지 모습을 온전히 파악하기 위해서는 개별언어의 문법 기술에 만족하는 문법 이론 체계보다는 언어들 간의 비교를 가능하게 해 주는 문법 이론 체계가 더욱 바람직할 것이다. 이 문제는 제Ⅱ부의 2장 '보편적인 문법(연구의 도구)'에서 다룬다.

연구 결과를 도출해 내는 과정에서 마지막으로 고려할 것은 실제의 연구 과정에서 구체적인 검토의 대상이 되는 연구 '자료'를 선정하는 단계이다. 여기서 우리는 '직관' 중심의 자료 선정과 '말뭉치(corpus)' 중심의 자료 선정, 이 둘의 대립 구도를 만나게 된다. 전자는 생성문법의 도입 이후 지금까지 줄곧 연구자들이 취해 온 것이고, 후자는 컴퓨터의 발달에 힘입어 비교적 최근에 등장한 자연언어처리에서 견지하고 있는 입장이다. 언뜻 보면 양자가 대립적인 관계에 놓여 있는 것처럼 보이지만 사실상 이 둘은 보완적인 관계에 있다고 생각한다. 말뭉치는 직관을 대신할 수 없지만 직관의 힘이 미치지 못하는 곳에서 빛을 발할 수 있다. 이와 관련된 논의는 제Ⅱ부의 3장 '객관적인 문법(연구의 자료)'에서 하게 된다.

이상의 세 가지 단계들은 공히 연구 결과를 도출해 내는 과정과 연관이 된다. 이제 살펴볼 것은, 도출한 연구 결과를 해석하는 단계이다.

앞서 언급한 것과 같이, 연구 결과를 해석한다는 것은 도출해 낸 원리가 그 자체로서가 아닌 문법의 더 큰 차원에서는 어떻게 해석될 수 있는지, 즉 문법의 전체적인 이론 체계 내에서 그것이 갖는 위상이 무엇인지를 음미하는 것을 뜻한다. 여기에는 이론적 차원의 접근과 단위적 차원의 접근이 있다.

만일 연구의 결과 새롭게 발굴된 것이 어떤 특정한 이론이라면, 그러한 이론이 하나의 특정 부문(component)에만 얽매이지 않고 다른 여러 부문의 상이한 언어단위들에도 적용되는지를 따져 볼 필요가 있다. 많은 연구자들은 하나의 부문 내에서 특정 이론의 적용 범위를 고찰하는 일에는 매우 익숙하다. 그러나 특정 부문에 얽매이지 않은 채 여러 부문에 두루 적용되는 교차 부문적인 이론의 존재에 대해서는 충분한 관심을 기울이지 못해 왔다. 그러나 그러한 이론이 분명히 존재하므로 그에 대한 체계적인 연구가 필요하다. 이러한 작업을 통해 거시적인 이론 체계를 구축할 수 있고 그럼으로써 문법 기술은 더욱 간소화되고 언어에 대한 이해 수준은 더욱 높아질 것이다. 이는 제Ⅲ부의 4장 '교차적인 문법(이론의 차원)'에서 상론한다.

한편, 연구의 결과 새롭게 발굴한 것이 어떤 특정한 언어단위이고 그것이 일반적인 범주 규정에 어긋나는 것처럼 보일 때 그것을 섣불리 예외로만 취급하지는 말아야 한다. 대개의 경우, 예외처럼 보이는 언어단위를 발견했을 때 연구자들은 그것을 그냥 예외적인 어떤 것으로 치부해 버리거나 다른 기성의 범주에 성급하게 끼워 맞추려는 시도를 하게 된다. 그러나 그렇게 하기보다는 우선은 그것 자체의 성격을 꼼꼼히 따져 보아야 한다. 그리고 더 중요한 것은, 비슷한 양상을 보이는 다른 예들이 더 없는가를 살펴보아야 한다는 점이다. 만일 비슷한 속성을 가진 예들을 더 발견하게 된다면 그것은 더 이상 예외에 머물지 않고 기성의 문법체계에 대한 반성의 계기가 될 수 있다. 제Ⅲ부의 5장 '비단선적 문법(단위의 차원)'에서는 이러한 문제를 심도 있게 논의한다.

　　이상, 연구 결과의 도출과 해석이라는 관점에서 저자가 말하고자 하는 문법 연구의 5가지 방법론을 개괄하여 보았다. 앞서 논의한 대로 이들은 Ⅱ부와 Ⅲ부의 다섯 개 장에 걸쳐 다루어지는데 각 장에서는 추상적인 진술과 구체적인 사례가 함께 제시된다. 제Ⅳ부에서는 본문의 핵심 사항들을 요약하여 제시하는 것으로 결론을 대신한다.

Ⅱ. 연구 결과의 도출

1. 형식적인 문법(연구의 목표)

2. 보편적인 문법(연구의 도구)

3. 객관적인 문법(연구의 자료)

1. 형식적인 문법(연구의 목표)

　　문법 연구는 인간의 '언어능력'에 대한 탐구의 일환이다. 언어능력이란 언어에 대한 지식을 의미한다. 따라서 문법 연구의 목표는 언어에 대한 지식, 줄여서 '언어지식'을 구명하는 것이다. 그렇다면 언어지식이란 구체적으로 무엇을 뜻하는가? 이러한 질문이 중요한 까닭은 그 대답에 따라 문법 연구의 목표와 결과가 달라지기 때문이다. 이 장에서는 언어지식의 본령이 무엇이며 그에 따라 문법 연구가 일차적인 목표로 삼아야 하는 것이 무엇인지를 고찰한다.

■ '왜' 중심에서 '어떻게' 중심의 문법으로

　　언어능력은 흔히 몸의 시각능력과 비교되기도 한다. 인간은 시각능력을 통해 사물의 외형을 관찰하고 이해한다. 그러나 인간은 그러한 시각능력을 가능하게 하는 시각체계가 어떻게 구성되어 있고 어떻게 운용되고 있는 줄은 모른다. 그럼에도 불구하고 인간은 보고 싶을 때 언제든지 시각체계를 통해 볼 수 있다. 언어능력 또한 마찬가지이다. 인간은 언어능력을 통해 다른 사람과 말을 주고받는다. 그러나 인간은 그러한 언어능력을 가능하게 하는 언어체계가 어떻게 구성되어 있고 어떻게 운용되고 있는 줄은 모른다. 그럼에도 불구하고 인간은 말을 하고 싶을 때 언제든지 언어체계를 통해 말을 할 수 있다.

‘언어능력이 있다’는 것은 ‘언어체계의 구성과 운용의 원리를 알고 있다’는 것이다. ‘언어체계의 구성과 운용의 원리에 대한 앎’을 ‘언어지식’이라고 불러 보자. 그렇다면 ‘언어능력’을 ‘언어지식’이라고 바꾸어 말할 수 있다. 논의의 편의상 이때의 언어지식을 ‘언어지식1’이라고 표시하자.

한편, 문법 연구의 결과 얻어지는 것도 ‘언어지식’이다. 이러한 언어지식을 논의의 편의상 ‘언어지식2’라고 해 보자. 그렇다면 과연 ‘언어지식2’는 ‘언어지식1’과 같은 것인가?

학자들은 언어의 다양한 측면을 연구해 왔다. 이 점은 문법 연구에서도 마찬가지이다. 예컨대, 어떠한 문법 현상에 대해서 그것이 어느 시기에 발생한 것인지, 혹은 어느 곳에서 관찰되는 것인지, 또는 어떤 사람들에게서 발견되는 것인지를 궁금해하기도 한다. 뿐만 아니라 그것이 왜 존재하게 되었는지 혹은 그것이 어떻게 작동하고 있는지에 의문을 품기도 한다. 이 글에서는 마지막의 두 관점, 즉 ‘왜’에 대한 연구와 ‘어떻게’에 대한 연구로 논의를 좁혀 진행하기로 한다.

‘왜’ 중심의 문법 연구나 ‘어떻게’ 중심의 문법 연구 모두 문법 현상의 배후에 숨어 있는 어떤 것을 알아내고자 한다는 점에서는 일치한다. 그러나 전자는 문법 현상이 존재하는 근본 원인을 캐내려는 것이고 후자는 문법 현상의 작동 원리에 관심을 두는 것으로서 연구의 초점이 다르다.

목표가 다른 두 가지 종류의 문법 연구에 의해 얻어진 결과는 모두 '언어지식2'에 해당한다. 즉, '언어지식2'는 '문법 연구'라는 인간의 인지 활동 결과 얻어진 인위적인 산물이다. 반면, '언어지식1'은 인간이라면 누구든지 가지고 있는 본유적 지식(innate knowledge)으로서 그것에 대한 우리의 인식 여부를 떠나 독자적으로 존재한다. 따라서 '언어지식2'와 '언어지식1'은 본질적으로 다르다.

문법 연구가 인간의 '언어지식'에 대한 탐구의 일환이라고 할 때, 이때의 '언어지식'은 곧 '언어지식1'이 된다. 따라서 문법 연구는 '언어지식1'을 알아내는 것을 목표로 하는 인식 활동이며 그 결과는 '언어지식2'이다. 그렇다면 이제 제기되는 질문은 '언어지식2'를 산출하는 두 가지 종류의 문법 연구 가운데 어느 것이 '언어지식1'을 얻기 위해 본질적으로 더 중요하고 더 필요한 것인가이다.

앞서 논의하였듯이 '언어지식1'은 '언어능력'과 같은 말로서 '언어체계의 구성과 운용의 원리에 대한 앎'을 뜻한다. 한편, '왜' 중심의 연구는 문법이 존재하는 이유를 묻는 것이고 '어떻게' 중심의 연구는 문법의 작동 원리가 무엇인지를 알고자 하는 것이다. 그렇다면 답은 분명하다. '언어지식1'을 얻기 위해서는 '왜'보다 '어떻게' 중심의 연구가 더 중요하고 더 필요하다. '왜'라는 질문은 결국 '(인간에게) 언어능력이 존재하는 이유는 무엇인가'라는 물음이고 '어떻게'라는 질문은 결국 '(인간이 가지고 있는) 언어능력의 작동 원리가 무엇인가'라는 물음이기 때문이다.

많은 이들은 문법 연구에서 '왜'라는 질문을 선호해 왔다. 그것은 아마도 '왜'가 '어떻게'보다 좀더 근본적인 질문처럼 들리기 때문일 것이다. '어떻게'라는 질문에 대한 답은 '작동 원리'이지만 '왜'라는 질문에 대한 답은 '존재 이유'이다. '작동 원리'는 연구 대상의 '안'에 있고 '존재 이유'는 연구 대상의 '밖'에 있다. '어떻게'보다 '왜'가 더 크고 깊은 질문처럼 느껴진다.

그러나 '왜'라는 질문을 하고 싶더라도 먼저 '어떻게'라는 질문을 던져야 한다. 연구 대상의 내적인 질서도 모르면서 그것이 존재하는 이유를 묻는다는 것은 매우 공허해 보인다.

뿐만 아니라, '왜'라는 질문에 대한 답은 증명하기가 힘들거나 불가능하지만 '어떻게'는 그에 대한 답이 옳은지 그른지를 객관적인 자료를 통해 곧장 검증할 수 있다. 즉 반증가능성의 측면에서도 '왜'보다는 '어떻게'라는 질문이 더 과학적이다.

또한 실용적인 측면에서 보더라도 '왜'보다는 '어떻게' 중심의 연구 결과가 더 유용하다. 가령, 외국인에게 한국어를 가르친다거나 기계로 하여금 한국어를 분석하고 처리할 수 있도록 해 주는 프로그램을 만들 때 문법의 작동 원리는 구체적인 지침이 된다. 그러나 문법의 존재 이유에 대한 이야기는 이런 현실적인 필요에 부응하기 힘들다.

결국, '언어지식1'에 가까운 '언어지식2'를 도출해 내기 위해서는 문법 연구의 목표를 '왜' 중심에서 '어떻게' 중심으로 맞추어야 한다.

‘왜’ 중심의 문법은 언어 바깥에서 언어를 바라본다. 그러나 ‘어떻게’ 중심의 문법은 언어 내부에서 언어를 관찰한다. 따라서 자연히 전자는 언어의 기능에 관심을 갖게 되고 후자는 언어 내부의 형식과 질서에 초점을 두게 된다. 이러한 점에 착안하여 ‘왜’ 중심의 문법을 ‘기능주의적인 문법’(줄여서 ‘기능적인 문법’)으로, ‘어떻게’ 중심의 문법을 ‘형식주의적인 문법’(줄여서 ‘형식적인 문법’)이라 부를 수 있다. 만일 그렇다면 이 글은 ‘형식적인 문법’의 중요성을 천명하고 있는 것이다.

이러한 관점에서 이제 구체적인 사례 하나를 살펴보기로 한다. 그것은 한국어 청자대우법의 어말어미 교체에 관한 것이다.

이러한 문제에 대해 종전의 논의들 대부분은 ‘청자대우법 어말어미가 왜 교체되는가’라고 묻는다. 그러면서 그러한 교체는 ‘화자와 청자 간의 힘과 유대의 시소’라는 기제로 설명될 수 있다거나, ‘대우법의 두 가지 용법 가운데 규범적인 용법이 아닌 전략적인 용법’에 의한 것이라고 답한다.

이와 같은 질문과 대답은 모두 ‘왜’ 중심의 사고로부터 연유된 것이다. 문법의 구체적인 작동 원리도 제시하지 않은 채 문법이 존재하는 원인에 대해 추궁하고 있는 것이다.

이에 저자는 연구의 목표를 ‘어떻게’로 설정하고 한국어 청자대우법의 어말어미 교체를 통제하는 ‘형식적인 문법’을 도출하여 제시하고자 한다.

‘왜’ 없는 ‘어떻게’의 연구는 때로 맹목적인 것처럼 비칠 수 있다. 그러나 ‘언어지식1’(=언어능력)을 궁구하는 입장에서 ‘어떻게’ 없는 ‘왜’의 연구는 다만 공허할 뿐이다.

■ 청자대우법 어말어미의 교체 원리 *

1. 문제 제기

국어 청자대우법의 사용에 있어 다음의 예에서 보이듯 동일한 화자가 동일한 청자를 대상으로 말을 할 때조차 대우 등급이 달라지는 경우가 있다.

    (1) 가. 자네, 말을 좀 <u>하게나</u>. 그렇게 잠자코 있으면 내가 <u>답답하</u>
        <u>잖아</u>.
      나. 선생님, 제가 <u>잘못했어요</u>. 용서해 <u>주십시오</u>.

(1)은 동일 화자가 동일 청자에게 발화한 일회분의 연속된 문장들인데 (가)는 '예사낮춤-두루낮춤'으로, (나)는 '두루높임-아주높임'으로 어말어미의 등급이 바뀌고 있다.

이러한 청자대우법 어미의 교체에 관하여 그동안 적지 않은 논의들이 있었다. 중세국어에 있어 동일 대상에 대한 '-습-'의 불규칙적인 사용 모습에 관한 논의(허웅, 1975: 721-723)나 근

---

* 이 글의 초안은 134차 한국어학회 연구발표회(2000. 5. 20, 고려대 민족문화연구원)에서 선보였고, 이를 바탕으로 수정한 것을 2001년도 한국언어학회 여름학술대회(2001. 6. 23, 충북 수안보 상록호텔)에서 발표했다. 두 차례의 토론 과정을 거치면서 다듬어진 원고는 「언어학」31호(2002. 4. 30, 한국언어학회)에 실린다. 여기서는 이 책의 맥락에 맞도록 다시 글을 수정하여 올린다. 이 글을 통해 독자가 '어떻게' 중심의 문법 연구가 무엇인지를 좀더 구체적으로 이해할 수 있기를 바란다. 물론 '청자대우법의 등급 교체' 라는 주제 자체에 관심을 두고 읽을 수도 있을 것이다.

대국어에서의 가능성(김정수, 1984: 21-23) 및 현대국어에서의 청자대우법 교체에 대한 논의(성기철(1970, 1985), 김석득(1977), 손호민(1983), 한길(1986), 김정수(1996), 유송영(1996), 이정복(1996, 1999)) 등이 그것이다.

이러한 현상에 대해 김정수(1984)에서는 "높임층의 오르내림"이라 이름하였고 허웅(1975)에서는 그 원인을 청자의 "높임의 의향"에 의한 가변적 결정 때문이라고 보았다. 성기철(1970)에서는 청자 대우 등급 간의 교체 양상을 제시한 바 있고 손호민(1983) 및 유송영(1996)은 청자·화자 간의 "힘과 유대의 시소"라는 기제를 통해서, 그리고 이정복(1996, 1999)은 이러한 "말 단계 변동 현상"을 경어법의 두 용법 가운데 규범적인 용법이 아닌 "전략적인 용법"으로 해명하고자 하였다. 다음은 이러한 두 논의의 핵심적인 제안이다.

(2) 국어 청자대우법(체계)의 운용(사용) 원리(유송영, 1996: 110)
　　원리①: (ⅱ) … 화자는 자신의 <u>의도(혹은 전략)</u>에 따라 청자의 '힘'(power)의 정도를 조절·결정한다.
　　원리②: 화자는 자신과 청자와의 '유대'(solidarity)의 정도를 결정한다. 그 정도에 대한 결정은 화자의 <u>의도</u>에 따라 조절이 가능하다.[1]
(3) 전략적 용법의 하위 유형과 그 개념(이정복, 1999: 117)
　　수혜자 공손 전략, 지위 불일치 해소 전략, 지위 드러내기 전략, 정체성 바꾸기 전략, 거리 조정하기 전략

---

[1] 밑줄은 저자가 친 것임.

이상의 주장들은 '왜 청자대우법 어말어미의 교체가 일어나는가'에 대한 것이라 할 수 있다. 즉, 이들은 청자 대우 등급 교체의 목적이나 동기의 구명에 초점을 맞추고 있는 것이다. 그러나 우리의 관심은 그러한 교체를 허가해 주거나 교체의 폭을 제한해 주는 문법 내적인 원리나 제약이 무엇인가에 있다.

종전의 연구들이 '왜' 중심의 연구인 반면, 우리의 연구는 '어떻게' 중심의 연구이다. 문법 연구가 인간의 언어지식에 대한 탐구의 일환이라면 그 일차적인 목표는 '왜'가 아닌 '어떻게'에 맞춰져야 한다. 언어지식이란 언어체계의 구성과 운용의 원리에 대한 앎이며 그것은 곧 '어떻게' 중심의 연구가 추구하고자 하는 바이다. 이런 맥락에서 '청자대우법 어말어미의 교체'에 대한 한국인의 언어지식은, '왜 청자대우법 어말어미의 교체가 일어나는가'가 아닌 '어떻게 그러한 교체가 이루어지는가'에 의해 얻어질 수 있다.

'왜'에 대한 해명이 언어지식의 핵심은 될 수 없다. 그것은 핵심적인 언어지식에 덧붙는 부차적인 또 다른 종류의 지식에 불과하다. 어떤 외국인이 '청자대우법 어말어미 교체의 존재 이유'에 대해 알게 되었다고 해서 그가 그러한 교체를 실제로 구사해 낼 수는 없다. 다만 그는 그러한 배경 지식적인 사항을 알고 나서 이제 본격적으로 그 작동 원리가 무엇인지를 배워 실제 한국어 발화에서 원용하기를 바라게 될 것이다.2)

---

2) 혹자는 "문장 어미의 교체가 화자의 의도 없이 일어나는 것으로 파악하는 것은 경어법의 특성을 무시한 것"이라며 본고를 비판한 바 있다. 그러나 저자 역시 대우법의 등급 간 교체가 화자의 특정한 의도나 목적 없이 이루어지지는 않을 것이라 생각한다. 다만 방금 논의한 대로 그것보다는 오히려

종전의 연구들이 등급 교체의 목적이나 동기의 구명에만 너무 치우쳐 있는 것이 사실이다.3) 본고에서는 등급 교체에서의 제약 원리를 본격적으로 탐구하여 그동안 청자대우법 어말어미 교체 연구에서의 불균형을 해소해 보고자 한다.

한편, 청자대우법 어말어미의 교체 양상은 분석 대상이 되는 발화 단위에 따라 나누어 고찰할 필요가 있다.4)

    (4) 가. 두 사람의 대화에서 '동일 화자의 동일 청자에 대한 일회
          분의 발화' 가운데에서
       나. 두 사람의 대화에서 '동일 화자의 동일 청자에 대한 모든
          발화' 가운데에서

저자는 성기철(1970)에서 취한 입장과 같이 (4가)를 중심으로 그 교체 양상을 살피고자 한다.5) (4나)와 같은 경우는 불가피하게 동일 화자의 비연속적인 발화를 대상으로 한다는 점에

   등급 간 교체에서 보이는 형식적인 허가 원리 구명이 더욱 핵심적인 문법 연구의 과제라는 판단에서 본고를 기획하였다. 이 점 오해 없기를 바란다.
3) 이정복(1996) 역시 "말 단계 변동"을 다룬 논문이지만 상당 부분의 지면이 등급 교체의 발생 원인의 규명에 할애되고 있다. 그러나 위 논문은 화자·청자들 간의 지위 차이와 관련 문장의 종결법에 따라 말 단계 변동의 폭이 달라짐을 관찰하고 그것을 사회적·심리적으로 해석하고 있다. 이러한 논의는, 비록 본고와는 그 관점에서 차이가 있지만, 말 단계 변동의 제약적 요인을 분석했다는 점에서 주목을 끈다. 본고와 관련하여 이 논의가 갖는 함의는 마지막 절에서 다룰 것이다.
4) 이 밖에도 한 문장 내부에서의 변화 양상도 고려할 수 있다. 예컨대 중세국어에서의 '-습-'의 쓰임이 그러하다. 이와 관련하여 허웅(1975)을 참조하기 바란다.
5) 성기철(1970: 52)에서는 이를 '一人 一回分의 말'이라고 하였다. 이는 가령 '갑'과 '을'이 서로 대화할 때 '갑'이 '을'에게 말하는 한 회분의 말을 가리킨다.

서 좀더 복잡한 변수가 끼어들 여지가 있기 때문이다.[6]

본고는 개화기 이후 오늘날까지 근 100년에 가까운 시간선 상에서 나타나는 청자대우법 어말어미의 교체 양상을 고찰한 다.[7] 물론 어말어미의 발달이 1930년대 말을 기점으로 하여 전 후기로 구별되기도 하지만 그 교체 양상에서는 전기와 후기가 별다른 차이를 보이지 않는다.[8] 따라서 본문에서 등급 간의 교 체를 설명하는 가운데 현대국어 전기의 자료와 후기의 자료가 짝을 이루며 공히 예시될 것이다.

한편, 사료문헌은 총 19편인데 그것은 희곡이나 대화체 소 설류로서 게재 문헌의 종류에 따라 분류하면 신문류 2편과 단 행본류 4편, 잡지류 13편이다. 이들 자료는 현대국어 전기(개

---

6) 유송영(1996)과 이정복(1996, 1999)은 (4가)와 (4나)를 특별히 구별하지 않으 면서 주로 (4나)의 관점에서 논의하고 있다. 그러나 저자는 일단 이 둘을 구별하는 것이 매우 중요하다고 본다. 비록 동일 화자의 발화라 할지라도 임의의 두 발화의 연속성 여부는 담화에서 무시할 수 없는 어떤 차이를 지닐 것으로 보이기 때문이다. 또한 이 같은 점에서 유송영(1996)과 이정복(1996, 1999)의 논의가 (4가)의 자료에 대해서도 모두 유효한 것인지는 재검토되어 야 할 것이다. 대상 자료의 성격이 다르기 때문이다.
7) 이러한 고찰은 부분적으로 김의수(2000나)에서 이루어진 바 있다. 그러나 그 관찰과 귀납 과정에서 오류가 적지 않았다. 본고는 그것의 부족한 부분을 보완하여 다시 논의를 개진한 것이다.
8) 현대국어 전후기의 특징을 간략히 부연하면 다음과 같다. 먼저 전기 현대국 어에서는 호격에서의 존칭 대립이 회복되고 존칭 주격이 간소화되며 합쇼체 와 하오체, 하게체, 해요체, 해체의 발달이 두드러진다. 격식체 종결어미의 발달은 1930년대 말에 일단락된다. 후기 현대국어에서는 새로운 지칭어와 호칭어들이 속속 등장하고 대명사의 호응역이 눈에 띄게 바뀐다. '드리다'의 쓰임으로 인해 객체 대우법이 보강되고 비격식체 어미들이 계속적으로 발달 하는 것도 후기 현대국어의 특징이다. 이에 대해서는 김의수(2000가: 186, 2000나)를 참조하기 바란다.

화기~1930년대 말)와 후기(1940년대~현재)의 모습을 고루 보여줄 수 있도록 시기상으로도 균형 있게 안배하였다.(전기 9편, 후기 10편). 개화기 자료에는 잡지류가 매우 드물다. 따라서 그 시기의 자료로서는 신문류 2편과 단행본류 2편을 참고하였다. 그러나 잡지류가 풍성해지기 시작하는 1910년대 말 이후의 자료들은 거의 모두 잡지류를 참고하였다.

사료문헌 선택에 대해 저자는 첫째, 그것이 인물들 간의 풍부한 대화를 내포한 소설이나 희곡이어야 하고 둘째, 방언 사용이 거의 보이지 않는 서울 지역 중심의 자료이어야 할 것이며 셋째, 당시 언중들의 언어 감각을 잘 반영해 줄 것으로 보이는 대중 잡지에 실린 자료이어야 함을 주된 선정 기준으로 삼았다.

이와 같은 선별 기준을 통해 시기별로 추출된 자료들은 현대국어 대우법의 한 측면인 청자대우법 어말어미 간의 교체를 잘 보여주고 있으며 뒤이어 본문에서 논의할 것처럼 그에 관한 일정한 패턴을 그려 보이고 있다. 다음은 본고에서 취급하게 될 사료문헌들의 시기별 목록이다.9)

---

9) 혹자의 지적처럼 대상 자료는 '지역, 세대, 언어공동체의 성격, 시대' 등에 따라 그 속성을 면밀히 지정하고 제약할 필요가 있다. 그러한 측면에서 볼 때 본고의 대상 자료는 더욱 제약될 필요가 있어 보인다. 그러나 본고에서처럼 대단위의 시기를 문제삼고자 할 때에는 때로 최소한의 조건 하에서의 무작위 추출도 유용할 수가 있다. 본고에 예시한 문헌과 문장은 각기 19편과 40여개이지만 실제로는 시기별로 안배된 총 65개 문헌에서 200여개의 예문들을 뽑은 바 있다. 이들 가운데 중복된 것들을 제하고 '전기-후기의 짝'이 될 만한 것들로 하나씩 뽑아 예시한 것이 본문에 소개된 자료들이다.

치악산(상)	전기(1908)	聖夜의 曲	후기(1958)
顯微鏡 3	전기(1909)	외침의 언덕길	후기(1963)
絶纓新話 5	전기(1909)	漂流島	후기(1964)
치악산(하)	전기(1911)	세계문학전집	후기(1964)
惠善의 死	전기(1919)	流浪劇團	후기(1965)
汽笛불째	전기(1924)	현대한국문학전집	후기(1968)
할미꽃	전기(1928)	不幸한 幸運兒(上)	후기(1973)
金元述의 悔恨	전기(1928)	健康診斷	후기(1974)
黃金狂騷曲	전기(1932)	七面鳥	후기(1985)
		넋이라도 거두어주리	후기(1986)

본문은 다음과 같은 순서로 진행된다. 2절에서는 청자 대우 등급간의 교체 양상을, 두 등급 간의 교체와 세 등급 간의 교체로 나누어 살펴본다. 3절에서는 이러한 관찰로부터 귀납된 청자대우법 어말어미의 교체 허가 원리를 제시하고 그것이 네 등급 간의 교체 양상과도 정확히 합치함을 보일 것이다. 이러한 과정에서 청자대우법 어말어미 교체를 담당하는 형식적인 허가 원리가 존재하며 그것이 구체적으로 무엇인지를 알 수 있게 될 것이다.

2. 청자대우법 등급 간의 교체 양상

등급 간의 교체 양상은 두 등급 간의 교체, 세 등급 간의 교체, 네 등급 간의 교체로 크게 삼분된다.[10) 이와 같은 교체 양

---

10) 그 이상의 교체가 불가능한 이유는 3절의 후반부에서 자연스럽게 도출될 것이다.

상은 앞서 밝힌 대로 '동일 화자의 동일 청자에 대한 일회분의 발화'에서 추출했다. 논의의 편의상 아래와 같이 청자대우법 등급의 위계를 표기하여 사용하기로 한다.

(5) 가. 격 식 체 : 아주높임(1), 예사높임(2), 예사낮춤(3), 아주낮춤(4)
　　나. 비격식체 : 두루높임(A), 두루낮춤(B)

이때 한 가지 유의할 점이 있다. 그것은, 가령 두 등급 간의 교체는 반드시 두 등급끼리만의 교체의 예이어야 하지 그것이 그보다 복잡한 교체의 예(세 등급 간 이상의 교체) 속에 포함된 일부이어서는 안 된다는 것이다. 그렇게 되면 순환론에 빠질 수 있기 때문이다. 따라서 본고에서는 두 등급 간의 교체 양상을 살필 때 '동일 화자의 동일 청자를 대상으로 한 일회분의 발화' 가운데 오로지 두 등급끼리만의 교체를 보이는 예를 취했다. 세 등급 간의 교체에서도 마찬가지이다. 그것 역시 네 등급 간의 교체 예의 일부를 가져 온 것이어서는 안 된다.

2.1 두 등급 간의 교체 양상

두 등급 간의 교체는 다시 '격식체 간의 교체'와 '비격식체와 (비)격식체 간의 교체'로 세분된다. 먼저 격식체 간의 교체 양상을 살피면 다음과 같다.

2.1.1 격식체 간의 교체 양상

격식체 간의 교체는 비격식체와 (비)격식체 간의 교체보다 휠씬 제약적이다. 이는 격식체 청자 대우가 기본적으로 등급끼리의 엄격한 서열성에 기초하고 있기 때문으로 보인다.

1) 아주높임 ~ 예사높임 / 1-2 : ○

  (6) 가. 世上 사람에게도 恥笑를 바들 뿐이 <u>아닙니까</u>. 아예 그런 생각은 두지 <u>말으시오</u>. <"金元述의 悔恨"「靑年」81호 (1928. 7), 572면>

    나. 여보 선배님들, 하나 소개해 <u>주시오</u>. <u>부탁합니다</u>. <"漂流島"「現代文學」10권 11호(1964. 11), 278면>

(6)과 같은 교체는 개화기에서부터 매우 빈번하며 현대국어 후반기에 이르기까지 지속적인 출현을 보인다. 그러나 다음의 2)~3)에서 보이듯 '아주높임'은 그와 인접하지 않은 다른 등급과는 호응하지 않는다.

2) 아주높임 ~ 예사낮춤 / 1-3 : ×

3) 아주높임 ~ 아주낮춤 / 1-4 : ×

한편, '2-3'과 '3-4'는 비록 소수이지만 예가 발견되어 원칙적으로 불가능한 교체는 아니었음을 알 수 있다.11) 그러나 인

---

11) 성기철(1970: 53)에서는 그가 비록 용례를 찾았음에도 불구하고 '2-3, 3-4'를 인정하지 않고 있다. 특정한 상황에서 이루어진 것들이기 때문에 일반적인 발화로 보기엔 힘들다는 것이다. 그러나 본절에서 제시한 (7)과 (8)은 정상적

접하지 않은 5)의 '2-4'와 같은 교체는 가능하지 않다.

4) 예사높임 ~ 예사낮춤 / 2-3 : ○

　(7) <u>여보게</u> 쥬인. 아모 의심 말고 어셔 문 좀 <u>열소</u>. <「치악산(하)」
　　　(1911), 29면>[12]

5) 예사높임 ~ 아주낮춤 / 2-4 : ×

6) 예사낮춤 ~ 아주낮춤 / 3-4 : ○

　(8) (할아버지가 나이든 아들에게) 어떻게 돼 <u>가나</u>. 잘 될 것
　　　<u>같으냐</u>? <"七面鳥" 「現代文學」 31권 9호(1985. 9), 363면>

'2-3'은 현대국어 전반기 가운데서도 퍽 이른 시기부터 나타

　　인 문맥에서 추출한 것이므로 제외시킬 수 없다고 본다.
12) 본고는 원칙적으로 어말어미끼리의 교체 양상을 살피고 있다. 이와 같은
　　맥락에서 혹자는 예문 (7)의 '여보게'는 호칭어이므로 (7)의 예가 어말어미끼
　　리의 호응 예로서는 적절하지 않다고 비판할지도 모른다. 그러나 저자가
　　보기엔 적어도 1910년을 전후한 시기에서만큼은 '여보게'가 '여(기) 보게'와
　　같은 동사구의 자격을 지녔을 것으로 생각한다. 다음의 예를 보자.
　　[여봅시오]　<u>여봅시오</u> 종경 소리가 들니이니 이 근쳐에 무슨 졀이 잇나보
　　　　　　　이다. <「치악산(하)」(1911.12), 18면>
　　[여보시오]　<u>여보시오</u> 어셔 문 열어 쥬시오 <「치악산(하)」(1911.12), 30면>
　　[여보]　　　<u>여보</u> 샌님 망령 나셧소 <"絕纓新話 5" 대한민보(1909) 106호
　　　　　　　1면 4단>
　　[여보게]　　<u>여보게</u> 보살 나 좀 살녀주게 <「치악산(하)」(1911.12), 15면>
　　[여보아라]　<u>여보아라</u> 갈 길이 밧부니 고기를 쌀리 넘어 가즈 <「치악산
　　　　　　　(하)」(1911.12), 46면>
　　이 예들의 '여보~'에서 '보-'가 그것을 포함한 문장의 어말어미와 대우등급
　　이 일치하는 '명령형 어미 형태'를 가지고 있다. 이때 '여보시오, 여봅시오'와
　　같은 형태를 동사구로 인식하는 것이 바람직하다면 같은 시기의 '여보게'
　　또한 같은 맥락에서 동사구로 인정해 주지 못할 까닭이 없다. 만일 그렇다면
　　(7)의 예에서 '여보게'의 '-게'를 예사낮춤의 어말어미로 볼 수 있을 것이다.

나지만 '3-4'는 비교적 현대국어 후반기에 들어서 주로 보인다.

이상 살펴본 결과, 격식체의 두 등급 간의 교체에서는 인접한 등급의 어말어미끼리만 교체가 가능함을 알 수 있었다. 다음으로 비격식체와 (비)격식체 간의 호응 양상을 살펴보도록 한다.

2.1.2 비격식체와 (비)격식체 간의 교체 양상

다음으로 살펴보게 될 두 등급 간의 교체 양상은 앞서 본 격식체 간의 교체 양상보다 덜 제약적이다. 이는 일명 반말체라고 하는 '해요체와 해체' 혹은 '두루높임과 두루낮춤'이라는 비격식체의 넓은 호응역에 기인한다고 볼 수 있다. 한편 두루낮춤이 두루높임보다 훨씬 더 광범위한 교체 양상을 보인다는 점이 주목된다.

1) 두루높임 ~ 아주높임 / A-1 : ○

    (9) 가. 령감마님 큰 일이 <u>낫슴니다</u>. 뎌를 엇지ᄒ면 <u>됴화요</u>. <"顯微鏡 3" 대한민보(1909) 5호 1면 5단>

      나. 그것 참 <u>멋있는데요</u>. <u>고대하겠습니다</u>. <"漂流島"「現代文學」 10권 11호(1964. 11), 288면>

2) 두루높임 ~ 예사높임 / A-2 : ○

    (10) 가. 에그 영감은 별말슴을 다 <u>ᄒ시구려</u>. 집이 망ᄒ기는 우익 <u>망ᄒ요</u>. <「치악산(상)」(1908), 32면>

      나. 걱정해 주어서 대단히 <u>감사하오</u>. 허지만 나는 나대로 재미있게 살아갈테니 걱정 <u>마세요</u>. <"漂流島"「現代文學」 10권 11호(1964. 11), 289면>

두루높임은 위에서 보다시피 아주높임이나 예사높임과는 호응하지만, 아래와 같이 예사낮춤이나 아주낮춤 등의 '낮춤'과는 호응하지 않는 것이 특징이다.

3) 두루높임 ~ 예사낮춤 / A-3 : ×
4) 두루높임 ~ 아주낮춤 / A-4 : ×

그러나 두루높임은 비격식체인 두루낮춤과는 자연스럽게 호응한다.

5) 두루높임 ~ 두루낮춤 / A-B : ○

   (11) 가. 왜 시댁에 아니 가고요? 東京 가셨든 어른이 귀국허서
        슬텐데. <"惠善의 死"「創造」1호(1919. 2.), 42면>
      나. 제가 그 우울한 기분 풀어드릴 수 없을까요? 네? 제발,
        그 표정 풀어 버리라니깐. <"不幸한 幸運兒(上)"「現代
        文學」19권 2호(1973. 2), 239면>

한편, 두루낮춤은 두루높임과 달리 높임과 낮춤에 상관없이 격식체 모두와 두루 호응한다.

6) 두루낮춤 ~ 아주높임 / B-1 : ○[13]

   (12) 가. 후유 늦으셨군. 날이 춥습니다. <「현대한국문학전집」
        (1968) 14권 20면>

---

13) 유감스럽게도 저자는 이 용례를 직접 찾을 수는 없었기에 성기철(1970: 54)에 서 제시한 것을 그대로 인용하기로 한다.

　　나. 스타트라인에 선 모양만 봐도 <u>안답니다</u>. 우물쭈물하는
　　　　빛이 있는 건 <u>안돼</u>. <「현대한국문학전집」(1968) 16권
　　　　400면>

7) 두루낮춤 ~ 예사높임 / B-2 : ○

　(13) 가. 그것 <u>보오</u>. 이러케 예기에 醉할 째는 時間도 <u>없지</u>.
　　　　　<"할미꽂" 「如是」 1호(1928. 6), 34면>
　　　나. 제발 여기서 시위하는 것은 그만 <u>두시오</u>. 더운데 그
　　　　　골치 아픈 소리까지 들으니 미칠 것 <u>같어</u>. <"漂流島"
　　　　　「現代文學」 10권 11호(1964. 11), 280면>

8) 두루낮춤 ~ 예사낮춤 / B-3 : ○

　(14) 가. 여보게 자네도 딱한 <u>사롬일세</u>. 자네가 오깃다고 편지
　　　　　만 ᄒ면 셔울셔 교군을 <u>보냇지</u>. <「치악산(상)」(1908),
　　　　　37면>
　　　나. 아, 제발 그만 깐죽거리게. 나도 일을 <u>해야잖아</u>? <"流浪
　　　　　劇團" 「現代文學」 11권 2호(1965. 2), 269면>

9) 두루낮춤 ~ 아주낮춤 / B-4 : ○

　(15) 가. 난 거시 다 <u>무어냐</u>. 病이 낫더라도 몸을 <u>꿈저거려야지</u>
　　　　　<"汽笛불째" 「廢墟以後」 1호(1924. 1), 224면>
　　　나. 우리 아버지가 목도리 <u>사줬다</u>. 기가 막히게 <u>예뻐</u>. <"외침
　　　　　의 언덕길" 「참대」 10호(1963. 1), 132면>

　　이상으로 우리는 두 등급 간의 교체 양상에 대해 살펴보았
다. 그것을 정리해 보면 다음과 같다.

(16) 가. 격식체 간의 교체 유형 : 1-2, 2-3, 3-4

　　　나. 비격식체와 (비)격식체 간의 교체 유형 : A-1, A-2; A-B;

　　　　　B-1, B-2, B-3, B-4

이로부터 우선 격식체끼리는 서열상 인접한 등급 간에만 교체가 가능함을 알 수 있다. 그리고 비격식체의 두루높임이 격식체의 아주높임과 예사높임과만 어울릴 수 있는 반면, 두루낮춤은 격식체 등급 모두와 자유롭게 호응할 수 있다는 점 역시 주목할 만한 사실이다.14)

2.2 세 등급 간의 교체 양상

1) 두루높임 ~ 아주높임 ~ 예사높임 / A-1-2 : ○

(17) 가. 샌님도 독장사 헷구구ᄒ듯 딱도 ᄒ시오. … 무슨조화가
　　　생겨요. … 그런 량반의 마누라로 보내십시오. <"絕纓新
　　　話 5" 대한민보(1909. 10. 19) 106호 1면 4단>

　　나. 임금님이 세상을 떠나셨어요. 모두들 상복을 입고 많이
　　　울었답니다. 우리는 화물선을 타고 하와이로 먼저 갔소.
　　　<"漂流島"「現代文學」 10권 11호(1964. 11), 282면>

2) 두루높임 ~ 아주높임 ~ 예사낮춤 / A-1-3 : ×

3) 두루높임 ~ 아주높임 ~ 아주낮춤 / A-1-4 : ×

4) 두루높임 ~ 예사높임 ~ 예사낮춤 / A-2-3 : ×

---

14) 한길(1986: 557)에서는 "정상적인 발화에서 … 반말(두루낮춤-저자 주)이
　　아주높임이나 예사높임과 뒤섞이는 일은 극히 드물다"고 하였다. 그러나
　　방금 살핀 대로 이러한 지적은 우리가 살핀 실제의 언어 현상과 부합하지
　　않는다.

   5) 두루높임 ~ 예사높임 ~ 아주낮춤 / A-2-4 : ×

   6) 두루높임 ~ 예사낮춤 ~ 아주낮춤 / A-3-4 : ×

   7) 두루높임 ~ 아주높임 ~ 두루낮춤 / A-1-B : ○

(18) 아, 용서하십시오. 쓸 만한 간호원 구하기가 좋은 마누라 구하기보다 힘들군요. 간호원이란 그저 하녀 다루듯 해야 하는 건데. <"健康診斷"「現代文學」20권 11호(1974. 11), 216면>

   8) 두루높임 ~ 예사높임 ~ 두루낮춤 / A-2-B : ○

(19) 가. (아들이 아버지에게) 깜박 니저 버렷서. … 어저 피서 떠나야 되지 않어요? 입대 별장 사지 못햇소? <"黃金狂騷曲"「新東亞」14호(1932. 12), 122면>

   나. 주소를 적어 보내지도 않았소. 그러나 작년에는 그것마저 보내질 않았군요. 그러기에 올해도 오리라고 믿어지질 않아! <"聖夜의 曲"「現代文學」4권 5호(1958. 5), 175면>

   9) 두루높임 ~ 예사낮춤 ~ 두루낮춤 / A-3-B : ×

10) 두루높임 ~ 아주낮춤 ~ 두루낮춤 / A-4-B : ×

11) 두루낮춤 ~ 아주높임 ~ 예사높임 / B-1-2 : ○

(20) 잠깐만 이야기할 것이 있소. 잠깐만 내려오시지. 부탁입니다. <"漂流島"「現代文學」10권 11호(1964. 11), 296면>

12) 두루낮춤 ~ 아주높임 ~ 예사낮춤 / B-1-3 : ×

13) 두루낮춤 ~ 아주높임 ~ 아주낮춤 / B-1-4 : ×

14) 두루낮춤 ~ 예사높임 ~ 예사낮춤 / B-2-3 : ○

(21) 그럼 대단치는 않다네. 내일 자네하고 골프하러 가겠다고

하더군. 오늘밤만은 용서해 주시오. 덱스터. <「세계문학」
(1964) 13권, 454면>15)

15) 두루낮춤 ~ 예사높임 ~ 아주낮춤 / B-2-4 : ×
16) 두루낮춤 ~ 예사낮춤 ~ 아주낮춤 / B-3-4 : ○

(22) 난 지금 여기 앉았어도 저들이 뭐를 저렇게 깔깔대는 지
다 알어. 순경이 재떨이에 왔던 담배를 집어 문다는 게 그
만 거꾸로 집어 물었으렷다. 그러니 얼마나 따갑겠나?
<"流浪劇團"「現代文學」 11권 2호(1965. 2), 270면>

3. 청자대우법 어말어미 간의 교체 허가 원리

이상을 통해 귀납할 수 있는 세 등급 간의 교체 가능한 경
우16)는 (23)이며, 앞서 제시한 두 등급 간의 교체 가능한 경우
를 다시 보이면 (24)와 같다.

---

15) 이 예는 성기철(1970: 55)에서 인용한 것이다. 그는 이 예를 비정상적인 것이
라고 보았지만, 그것은 관찰자의 성급한 판단이라고 생각된다. 이와 같은
대우법 양상을 고찰하는 데 있어서는 특별한 이유가 없는 한 자료를 있는
그대로 관찰하고 인정해야 한다고 본다.
16) 이제까지 우리가 살펴본 것은 적어도 하나의 비격식체가 포함된 3등급 교체
의 예들이었다. 그런데 논리적으로는 격식체만으로 구성된 3등급 교체의
유형도 가능할 듯 보인다. 그러나 격식체끼리만의 호응은 비격식체끼리와의
호응보다 훨씬 더 제약적이었고 빈도수도 매우 낮았다. 따라서 격식체끼리
의 3등급 교체 가능성은 매우 희박해 보인다. 실제로 저자는 그러한 3등분
교체 예를 단 하나도 발견하지 못했다. 성기철(1970: 53)도 그러한 가능성을
완전히 배제하고 있기는 마찬가지이다.

(23) 세 등급 간의 교체가 가능한 경우

　　가. A-1-2

　　나. A-1-B

　　다. A-2-B

　　라. B-1-2

　　마. B-2-3

　　바. B-3-4

(24=16) 두 등급 간의 교체가 가능한 경우

　　가. 격식체 간의 교체 유형 : 1-2, 2-3, 3-4

　　나. 비격식체와 (비)격식체 간의 교체 유형 : A-1, A-2 ;

　　　　A-B; B-1, B-2, B-3, B-4

(25) 가. A-1, A-2, 1-2

　　나. A-1, A-B, B-1

　　다. A-2, A-B, B-2

　　라. B-1, B-2, 1-2

　　마. B-2, B-3, 2-3

　　바. B-3, B-4, 3-4

(25)의 (가~바)는 각각 (23)의 (가~바)를 조합 가능한 두 등급들로 분해한 것이다. 예컨대, (23가)의 경우 'A-1-2'는 조합 가능한 두 등급끼리로 해체하면 (25가)와 같이 'A-1, A-2, 1-2'가 된다. 이런 식으로 (25)의 (가~바)가 얻어진다. 흥미로운 것은 (25)의 (가~바)의 조합들이 모두 (24)의 어느 경우에 해당한다는 것이다. 즉, (25가)의 'A-1, A-2'는 (24나)에서, '1-2'는 (24가)에서 확인된다.

　반면, 세 등급 간의 교체가 불가능 예들은 그것을 두 등급 간의 조합들로 해체시켜 놓았을 경우, 반드시 그 조합들 가운데 어느 하나라도 (24)에 포함되지 않는 것이 있다.

(26) 가. *A-1-3 : *A-3, *1-3
　　　나. *A-1-4 : *A-4, *1-4
　　　다. *A-2-3 : *A-3
　　　라. *A-2-4 : *A-4, *2-4
　　　마. *A-3-4 : *A-3, *A-4
　　　바. *A-3-B : *A-3
　　　사. *A-4-B : *A-4
　　　아. *B-1-3 : *1-3
　　　자. *B-1-4 : *1-4

(26)은 세 등급 간의 교체가 불가능한 예들을 나열한 동시에, 특히 그들을 두 등급 간의 조합으로 해체했을 때 (24)에 속하지 않는 짝들을 명시해 놓은 것이다.

　이제 이러한 관찰을 바탕으로 세 등급 간의 교체를 통제하는 조건을 다음과 같이 제시할 수 있다.

(27) 청자대우법 어말어미의 세 등급 간의 교체 조건
　　　　관련된 등급들 간에는 예외 없이 1대 1 호응이 가능해야
　　　한다.
　　　　(단, 허용 가능한 1대 1 호응의 짝은 다음과 같은 경우
　　　(=24)로 국한된다: 1-2, 2-3, 3-4; A-1, A-2; A-B; B-1,
　　　B-2, B-3, B-4)

(27)은 (24)를 전제로 해서 정의된 것인데, (23)과 같은 세 등급 간의 교체 가능성을 잘 설명해 준다. 예컨대, 관찰 가능한 세 등급 간의 교체인 'A-1-2'의 경우, 그것은 'A-1'과 'A-2', '1-2'와 같은 두 등급 간의 조합으로 구성되며, 그 세 가지 구성원 모두 (27)의 '허용 가능한 짝'에 해당하므로 (27)을 만족시킨다. 반면에, 관찰되지 않는 'B-1-4'의 경우, 그것은 'B-1'와 'B-4', '1-4'로 구성되는데, 그 세 가지 구성원 가운데 '1-4'가 (27)의 '허용 가능한 짝'에 속하지 않는다. 따라서 'B-1-4'와 같은 서로 다른 세 가지 등급의 조합은 (27)에 의해 배제된다.

그렇다면 세 등급 간의 청자대우법 어말어미들끼리의 교체를 다루는 (27)은 네 등급 간의 교체에서도 유효할까? (27)의 정의에 따른다면 네 등급 간의 교체에서도 그것을 구성하는 모든 1대 1의 짝(두 등급으로 인수분해된 조합)이 (27)의 '허용 가능한 짝'에서 확인될 수 있어야 한다. 그런데 그러한 조건을 만족시키는 서로 다른 네 가지 등급들은 오직 'A, B, 1, 2'뿐이다. 이는 곧 네 등급 간의 교체가 오직 'A-1-2-B'와 같은 유형에 국한될 것임을 뜻한다. 실제로 과연 그러한가? 다음의 예들을 보자.

(28) 가. 아버지가 그거슨 죽어도 못하리라고 <u>하십니다</u>. 그려고 <u>改嫁</u>하야 쏘 <u>그러치오</u>. 이전 사나히란 당초에 밋업지를 <u>안어요</u>. 옵바는 <u>내놋코</u>. <"惠善의 死" 「創造」 1호(1919. 2.), 47면>

　　　나. 여기 사람들은 정말 무엇을 해도 어색하지 <u>않어</u>. 사람들은 살려면 이런 곳에서 살아야 하지 <u>않겠소</u>. 물론 이 집은

더럽고 초라하지만 저 파커 아베뉴의 코넷티캇에 있는 부자집들 같은 데 가 <u>봐요</u>. 굉장합니다. <"漂流島" 「現代文學」 10권 11호(1964. 11), 288면>

다. 여보, 이제 그만, 돈에 <u>집착하오</u>. 돈을 사랑하는 사람치고 돈으로 만족하는 사람이 <u>없습니다</u>. … 당신이 한참 돈 잘 벌 때 우리 집은 객식구로 <u>들끓었지</u>. 여보, 내 설득을 소홀히 하지 <u>말아요</u>. <"넋이라도 거두어주리" 「現代文學」 32권 5호(1986. 5), 303면>

라. 오시느라고 <u>애쓰셨오</u>. 여러가지로 <u>고맙습니다</u>. 장모님 모시고 오시느라 고생하셨는데 앞으로 종종 문안드리길 <u>부탁해요</u>. 잘 되도록 내가 거두어 <u>드리지</u>. <"넋이라도 거두어주리" 「現代文學」 32권 5호(1986. 5), 316면>

저자는 네 등급 간의 교체 예로 오직 (28)만을 관찰할 수 있었다. 관찰의 한계일 수도 있지만 현대국어 전반기에서부터 후반기에 이르도록 오로지 이러한 유형의 교체만이 일관되게 발견된다는 것은 우연일 수만은 없다고 생각한다. 저자는 그것이 우연이 아니라 앞서 말한 대로의 이유 때문이라고 생각한다. 즉, (27)의 관점에서 볼 때, 가능한 네 등급 간의 교체는 오로지 'A, B, 1, 2'만을 그 구성원으로 해야 한다. 왜냐하면 'A'는 오직 '1'과 '2'와만 호응 가능하므로 아무리 'B'가 '1'에서 '4'까지 다 호응 가능하더라도 그 가능성은 '1'과 '2'로 제약될 수밖에 없기 때문이다. 따라서 네 등급 간의 교체는 오직 'A-1-2-B'만으로 제한된다. 그렇다면 다섯 등급 이상 간의 교체는 가능할까? (27)의 관점에서 볼 때 그것은 불가능하다. 호응 가능한 서로 다른 등급 다섯 개를 (27)의 '허용 가능한 짝'(=24)에서 찾을 수가 없기 때문이다.

이상의 논의를 잠시 정리해 보도록 하자. (24=16)는 두 등급 간의 교체 실태를 정리해 본 것이다. 그리고 (27)은 (24)를 바탕으로 하여 일단 세 등급 간의 교체 현상을 설명해 주기 위해 마련한 제약이다. 그러나 (27)은 비단 세 등급 간의 교체뿐만 아니라 네 등급 간의 교체 역시 훌륭히 설명해 줄 수 있는 것으로 판명이 되었다. 또한 그것은 한국어의 청자대우법 어말어미의 교체가 최고 네 등급 간의 교체까지만으로 제한될 수밖에 없다는 논리적인 이유를 제공해 준다. 이에 본고에서는 (27)을 한국어의 청자대우법 어말어미의 교체를 제약해 주는 원리로 일반화하여 아래와 같이 제안하고자 한다.

(29) 청자대우법 어말어미들 간의 교체(switching) 허가 원리 (임시)
　　 동일 화자가 동일 청자에게 행하는 1회분의 발화에서, 그 발화를 구성하는 어말어미들이 가지는 청자 대우 등급들 간에는 예외 없이 1대 1 호응이 가능해야 한다.
　　 (전제조건: 단, 허용 가능한 1대 1 호응의 짝은 다음과 같은 경우로 국한된다: 1-2, 2-3, 3-4; A-1, A-2; A-B; B-1, B-2, B-3, B-4)

이때 한 가지 주의해야 할 것은 (29)가 두 등급 간의 교체에 대해서만큼은 그것을 설명해 주거나 예측해 준다고 말할 수 없다는 점이다. 왜냐하면 (29)는 두 등급 간 교체의 관찰 결과를 그 '전제조건'으로 가지기 때문이다.

그러나 (29)의 '전제조건'에 대한 원리적인 설명이 가능하고 그것이 (29)의 본문과 모순 없이 부합하는 것임을 보인다면 (29)는 명실상부하게 두 등급 간의 교체를 포함한 모든 등급 교체에 대한 일반 원리로 탈바꿈하게 될 것이다.

설명의 편의상 (29)의 '전제조건'에서의 호응 가능한 짝들을 아래와 같이 표시해 보자.

(30) 가. 1-2, 2-3, 3-4
     나. A-1, A-2
     다. A-B
     라. B-1, B-2, B-3, B-4

그리고 이와 함께 다음과 같은 가정을 취해 보자.

(31) 가. A는 그 기본 화계가 격식체 1과 대응하고,
     나. B는 그 기본 화계가 격식체 2, 3과 대응한다.

이러한 가정과 (30가)를 전제로 하여 다음과 같은 추론이 가능하다.

(32) (31가)에 의하면 A는 1과 대응하므로 1과 교체 가능하다. (30가)에 의하면 1과 2가 교체 가능하다. 따라서 A는 2와도 교체가 가능하다.

(33) (31나)에 의하면 B는 2, 3과 대응하므로 그 둘과 교체 가능하다. (30가)에 의하면 2는 1과, 3은 4와 교체 가능하다. 따라서 B는 1, 4와도 교체가 가능하다.

그리고 같은 방식으로 A와 B가 교체될 수 있음도 설명된다.

(34) (31가)와 (31나)에 의해 A는 1과 대응하며 B는 2, 3과 대응
한다. (30가)에 의하면 1과 2는 교체 가능하다. 따라서 A는
B와 교체 가능하다.

이로부터 우리는 (30가)와 (31)만을 가지고 삼단논법의 형식
논리에 의해 교체 현상 (30나)~(30라)를 연역해 낼 수 있음을
알 수 있다. 또한 (30가)도

(35) 격식체 등급 간의 교체에서는 등급간의 인접성 조건
(adjacency condition)이 요구된다.

와 같이 환원할 수 있다. 인접성 조건은 격식체 등급들 간의
엄격한 서열성에 기인한다.
　한편, A가 격식체 3이나 4와 교체가 불가능하다는 것 역시
(35)와 (31)로부터 귀류법에 의해 증명 가능하다.

(36) A가 격식체 3이나 4와 교체 가능하다고 가정하며 이를
<가정 α>라 부르자. <가정 α>에 의해 A는 3이나 4와 교체
가능하다. 또한 (31가)에 의해 A는 1과도 교체 가능하다.
그렇다면 1은 3이나 4와 교체 가능해야 할 것이다. 그러나
이는 (35)와 배치된다. 따라서 <가정 α>는 잘못된 것이며
A는 격식체 3이나 4와 교체가 가능하지 않다.

결국 (35)와 같은 인접성 조건과 (31)과 같은 비격식체 등급의 화계 규정을 통해 (30), 즉 (29)의 '전제조건'을 원리적으로 설명해 낼 수 있음을 볼 수 있다. 그리고 이를 토대로 (29)를 다음과 같이 재형식화해 볼 수 있다.

(37) 청자대우법 어말어미들 간의 교체(switching) 허가 원리 (최종)
　　가. 동일 화자가 동일 청자에게 행하는 1회분의 발화에서, 그 발화를 구성하는 어말어미들이 가지는 청자 대우 등급들 간에는 예외 없이 1대 1 호응이 가능해야 한다.
　　나. 허용 가능한 1대 1 호응의 짝은 다음 두 사항에 의해 결정된다.
　　　　a. 격식체는 엄격한 서열성으로 인해 인접한 등급들만이 호응 가능하다.
　　　　b. 비격식체에서 A는 그 기본 화계가 격식체 1과 대응하고, B는 2, 3과 대응한다.

(37)에서 (가)는 두 등급 간의 교체를 포함하여 그 이상의 경우까지를 모두 포괄하는 진술이다. (나)는 허용 가능한 1대 1 호응의 짝이 어떻게 해서 결정되는가를 설명해 주고 있다.

4. 요약 및 남은 문제

본고에서는 '동일 화자의 동일 청자에 대한 1회분의 발화'를 대상으로 하여 그 내부에서 관찰되는 '현대국어 청자대우법 어말어미들 간의 교체 허가 원리'를 논구해 보았다. 그 결과 관련된 등급들 간에 1대 1 호응이 가능해야만 그러한 짝을 포함한 전체 등급의 교체가 허용됨을 알 수 있었다. 우리는 그 허가 원리를 '청자대우법 어말어미들 간의 교체 허가 원리'라고 부르고 (37)과 같이 제안하였다. 이것은 인접성 조건과 비격식체 등급의 화계 규정을 토대로 하며, 두 등급 간의 교체에서 네 등급까지의 교체 양상 모두를 설명해 줄 수 있다. 아울러 그것은 한국어에서 다섯 등급 이상의 교체가 원칙적으로 불가능한 까닭을 제시해 주기도 한다.

청자 대우법 어말어미 간의 교체는 문장 차원을 넘어선 담화 차원의 맥락에서 고려해 볼 문제이다. 따라서 본고에서 제안한 '청자대우법 어말어미들 간의 교체 허가 원리' (37)은 담화상의 원리라고 할 수 있는데, 그것은 매우 엄격한 조건으로서 통사론에서 일반화된 형식주의적 정의와 비견될 만하다. 담화 차원에서도 이러한 형식적인 원리가 정의될 수 있다는 것이 자못 흥미롭다.

한편, 다음과 같은 문제 역시 본고와 관련하여 생각해 볼 수 있는 흥미로운 주제들이다.

(38) 가. 두 사람의 대화 가운데 '동일 화자의 동일 청자에 대한 모든 발화'에서 보이는 등급 교체의 허가 원리
　　 나. 한 문장 내부에서의 등급 교체 원리
　　 다. 국어사에 있어서의 등급 교체의 문제

(38가)는 이미 이정복(1996) 등에서 그 연구의 단초를 찾을 수 있다. (38나)는, 이미 박영순(1976: 59)에서 지적한 것처럼, 어말어미끼리의 등급 교체 양상뿐만 아니라 어말어미와 조사나 호칭어, 지칭어와의 등급 교체 양상을 살피는 것 역시 중요한 문제임을 지적한 것이다. (38다) 역시 필수적인 과제로서 대우법 등급 교체의 포괄적인 기술에 완성을 기할 수 있도록 해 줄 것이다. 이들 문제를 모두 고려할 때 우리는 한국어 청자 대우법의 운용을 좀더 깊이 있게 이해할 수 있을 것이다.

사료문헌[17)

Ⅰ. 신문류

1909. "顯微鏡" 3. 神眼子. 大韓民報 5호(1909. 6. 17.)

1909. "絶纓新話" 5. 白痴生. 大韓民報 106호(1909. 10. 19.)

Ⅱ. 잡지류

1919. "惠善의 死" 長春. 「創造」 1호. 1919. 2.

1924. "汽笛불째" 金雲汀. 「廢墟以後」 1호. 1924. 1. (梁承國 編(1989), 「韓國近代戲曲作品資料集」Ⅰ, 서울: 亞細亞文化社)

1928. "할미꼿" 露雀. 「如是」 1호. 1928. 6. (梁承國 編(1989), 「韓國近代戲曲作品資料集」Ⅲ, 서울: 亞細亞文化社)

1928. "金元述의 悔恨" 李允宰. 「靑年」 81호. 1928. 7. (梁承國 編(1989), 「韓國近代戲曲作品資料集」Ⅲ, 서울: 亞細亞文化社)

1932. "黃金狂騷曲" 金陵仁. 「新東亞」 14호. 1932. 12. (梁承國 編(1989), 「韓國近代戲曲作品資料集」Ⅲ, 서울: 亞細亞文化社)

1958. "聖夜의 曲" 朱萍. 「現代文學」 4권 5호. 1958. 5.

1963. "외침의 언덕길" 김애경. 「참대」 (중앙여자중고등학교) 10호. 1963. 1.

1964. "漂流島" 金稻姬. 「現代文學」 10권 11호. 1964. 11.

1965. "流浪劇團" 金相民. 「現代文學」 11권 2호. 1965. 2.

1973. "不幸한 幸運兒(上)" 田玉柱. 「現代文學」 19권 2호. 1973. 2.

---

17) 참고로 사료문헌 서지 사항 배열 순서를 보이면 다음과 같다.
　①연도/ ②제목/ ③저자/ ④게재문헌/ ⑤발행 연월(일)(⑥원문 재수록 문헌)

1974. "健康診斷" 趙海一. 「現代文學」 20권 11호. 1974. 11.

1985. "七面鳥" 李容燦. 「現代文學」 31권 9호. 1985. 9.

1986. "넋이라도 거두어주리" 오혜령. 「現代文學」 32권 5호. 1986. 5.

Ⅲ. 단행본 및 저술류

1908. 「치악산(상)」 이인직. 유일서관. 1908. 9.

1911. 「치악산(하)」 金敎濟. 東洋書院. 1911. 12.

1964. 「세계문학전집」, 을유문화사, 1964.(성기철(1970:55)로부터
재인용)

1970. 「현대한국문학전집」, 신구문화사, 1968.(성기철(1970:54)로
부터 재인용)

2. 보편적인 문법(연구의 도구)

문법 연구는 개별언어에 대한 관심과 그에 대한 구체적인 기술로부터 시작한다. 그러나 그것은 학문의 다른 영역에서와 마찬가지로 궁극적으로는 언어의 일반적인 속성, 즉 언어의 본질이 무엇인가를 밝혀내는 데 도달해야 한다. 그렇다면 이를 위해 어떠한 문법 연구의 도구, 즉 이론 틀이 필요한 것일까? 이러한 질문이 중요한 까닭은 그 대답에 따라 문법 연구 결과의 방향과 성격이 매우 달라지기 때문이다. 이 장에서는 바람직한 문법 연구의 도구로서 어떠한 이론 틀이 요구되는지를 고찰한다.

■ 고립적인 문법에서 보편적인 문법으로

언어는 추상적인 개념이다. 그것은 마치, 실제로 존재하는 것은 비둘기, 까치, 독수리, 송골매 등이지만 이들을 한데 묶어 일컫기 위해 쓰이는 '새'와 같이, 한국어나 영어, 프랑스어, 일본어와 같은 것들을 추상화하여 한데 묶어 준다.

비둘기는 까치나 독수리 등과 엄연히 다르다. 그러나 그것이 '까치'나 '독수리'와 함께 '새'라고 불릴 수 있는 것은 '비둘기'가 그들과 어떤 일정한 공통분모를 가지기 때문이다.

한국어 역시 영어나 일본어 등과는 다르다. 그러나 그것이 '영어'나 '일본어'와 함께 '언어'라고 불릴 수 있는 것은 '한국어'가 그들과 어떤 일정한 공통분모를 가지기 때문이다. 결국 한국어는 그것만의 독자적인 특성, 즉 '개별성'과 함께 언어로서의 일반적인 특질, 즉 '보편성'을 아울러 지니고 있는 셈이다.

문법 연구는 구체적인 언어 현상을 다루게 된다. 우선은 특정한 개별언어를 선택할 수밖에 없고 또한 그 안에서 특정한 문법 현상에 주목할 수밖에 없다. 그러나 그러한 특정한 언어의 특정한 문법 현상에 대한 연구 결과는 특정한 것이 아닐 수 있다. 그것은 방금 언급한 바와 같이 개별언어가 개별성뿐만 아니라 언어 보편성도 함께 지니고 있기 때문이다.

이런 간단한 추론만으로도 우리는 개별언어에 대한 관찰 결과가 항상 개별언어의 테두리 안에서만 맴도는 것은 아님을 알 수 있다. 이때 문제는 과연 개별언어의 특정한 문법 현상이 과연 정말로 개별적인 것인지 아니면 보편적인 것인지, 혹은 어디까지가 개별적인 것이고 어디서부터가 보편적인 것인지를 어떻게 가려낼 수 있는가 하는 것이다.

이에 대해 어렵지 않게 두 가지 방안을 떠올려 볼 수 있다. 하나는 일단 개별언어들을 각각 연구하고 난 뒤 그들을 모두 대조하여 개별성과 보편성을 가려내는 것이다. 다른 하나는 보편성과 개별성을 동시에 포착해 주는 틀을 먼저 만들어 개별언어들을 대조적으로 연구해 가면서 틀 또한 지속적으로 보완하는 것이다. 전자가 철저히 귀납적인 반면 후자는 매우 연역적이다.

첫 번째 방안에서는 원칙적으로 모든 개별언어들에 대한 구체적인 연구가 다 끝난 이후에야 개별성과 보편성을 논할 수 있을 것이다. 그런데 한 언어에 대한 완벽한 문법 기술이 정말로 가능한지, 가능하다 해도 그 각각의 연구 기간이 얼마나 될 것인지가 문제이다.

그러나 무엇보다 더 심각한 것은 그 모든 개별언어들에 대한 문법 기술을 단 한 사람이 책임지고 하는 것이 아니라는 점이다. 이는 문법 연구에서의 일관성에 대한 문제 제기이다. 즉, 각각의 개별언어들을 담당한 연구자들마다 문법 기술의 틀이 서로 달라 종국에는 연구 결과들 간의 호환성 문제가 심각하게 발생할 수 있다.

문법 기술의 틀이란 문법 연구에서의 패러다임에 해당한다. 패러다임이 다르면 의사소통도 불가능하다. 우연히 용어나 개념이 부분적으로 비슷해 보일지라도 상이한 전체 틀에서 보면 그러한 비교가 무의미해진다. 언어가 형식과 내용의 결합에서 자의성을 띠듯, 개별언어들에 일 대 일로 맞춘 문법 기술의 틀들 간에 차이점보다는 공통점이 아마도 더 많을 것이라는 기대는 너무도 순진한 생각일 것이다.

예컨대, 한국어에 대한 올바른 연구는 궁극적으로 그것이 가진 개별성과 보편성을 아우르는 것이어야 한다. 이러한 입장에서 위와 같은 극도의 귀납적인 연구 태도는 바람직하지 않아 보인다. 그럼에도 불구하고 이러한 연구 태도를 계속 견지

한다면 거기에는 '한국어'만 존재할 뿐 '언어'는 존재하지 않을 것이다.

통상 과학적인 연구는 가설을 세우고 그것을 검증하는 방식으로 이루어진다. 실험을 통해 가설의 진위가 가려지며 가설의 일부가 수정되기도 하고 때로는 가설 전체가 폐기되고 새 것으로 교체되기도 한다. 이는 과학의 연구 현장에서 매우 자연스럽게 벌어지는 일이다. 앞서 논의한 방안 가운데 두 번째 것은 이러한 연구 스타일과 매우 유사하다.

앞서 언급한 바대로 두 번째 연구 방식이란, 보편성과 개별성을 동시에 포착해 주는 틀을 먼저 만들어 개별언어들을 대조적으로 연구해 가면서 틀 또한 지속적으로 보완하는 것이다. 이때 '보편성과 개별성을 동시에 포착해 주는 틀'은 가설적인 지위를 갖는다. 다시 말하지만, 가설은 검증되어야 할 대상이지 그 자체가 곧 진리는 아니다. 또한 가설이 있어야만 연구의 첫 단추를 제대로 끼울 수 있다. 연구자들이 비록 각기 상이한 개별언어들을 취급할지라도 서로 의사소통이 가능한 같은 패러다임의 이론 틀을 공유한다면 언어의 개별성을 천착해 나가면서도 동시에 언어 보편성을 추구할 수 있게 된다.

우리는 개별언어로서의 한국어에 대한 더욱 철저한 연구가 절실하다는 이야기를 자주 듣는다. 동시에 한국어 자체에만 매달리는 연구들을 도처에서 쉽게 접할 수 있다. 그러나 한국어에 대한 깊이 있는 천착이 한국어에 대해서만 연구하자는 것이 되어서는 곤란하다.

또한 한국어만 열심히 연구하다 보면 자연스럽게 언어 보편성까지도 터득하게 된다는 생각도 곤란하다. 앞서 상세히 논의하였듯이, 한국어를 올바로 구명한다는 것은 곧 그것이 가진 개별성과 언어 보편성을 온전히 포착해 낸다는 것을 의미한다. 그러기 위해서는 개별언어들끼리의 대조적인 연구를 가능하게 해 주는 이론 틀을 가지고 한국어 문법 연구에 임해야 한다.

그러한 이론 틀은 국내나 동양권도 아닌 서구권에서 주로 발전해 왔다. 근대화가 서양에서 먼저 이루어진 것처럼 근대 학문의 발달 또한 서양에 의해 주도되어 온 것이 사실이다. 자생적인 이론이 아니라는 이유로 외래 이론을 무조건 배격하는 자세는 바람직하지 않다. 그럴수록 남의 것을 더욱 철저히 배워야 한다.

원리와 매개변수 이론으로 잘 알려진 생성문법과 같은 유력한 외래 이론들은 이미 대조언어학적인 이론 틀을 근간으로 하고 있으며 개별언어들에 대한 연구와 언어 보편성 탐구 사이에 흐르는 긴장을 최소화하는 방향으로 발전해 왔다.

한국어라는 개별언어에 대한 연구는 이렇게 개별성과 보편성을 공히 기술할 수 있는 문법 연구의 이론 틀을 바탕으로 이루어져야 한다. 그러는 과정에서 한국어 자료가 이론 틀의 보완에도 적극적으로 개입해야 한다. 만일 그 이론 틀이 한국어와는 너무 동떨어져 있고 언어 보편성도 잘 포착해 내지 못한다고 판단한다면 한국어를 중심으로 한 대조언어학적인 이론 틀을 새롭게 제안해 볼 수도 있다. 그것은 곧 자생 이론의 출현을 의미한다. 이러한 이론이 성공하기 위해서는 생성문법이 수많은 사람들의 마음을 사로잡았던 것처럼 그것이 언어의 개별성과 보편성을 그려내는 데 매우 효과적인 것임을 입증해 내어야 한다.

개별언어 하나에만 집착하는 문법을 '고립적인 문법'으로, 언어의 개별성과 보편성을 균형 있게 추구하는 문법을 '보편적인 문법'이라 불러보자.

이제 '보편적인 문법'을 바탕으로 한국어의 격 허가 문제를 다룬 사례 하나를 살펴보기로 한다.

대조언어학적인 문법 틀을 바탕으로 한 덕분에, 그렇지 않았을 때 서로 무관해 보였던 한국어의 문법 현상들이 격 허가의 관점에서 일정한 계열관계에 놓임을 알아낼 수 있었다. 아울러, 격 허가와 관련된 종전의 생성문법의 일반적 담론이 지나치게 협소함을 지적하면서 한국어 자료를 바탕으로 격 허가를 격 할당/점검의 차원으로부터 격 여과 회피의 차원으로 재해석하였다. 그 결과 종전에 격 할당이나 격 점검 정도로 논의되던 격 허가 기제를 명사포합, 보조사 첨가, 어휘격 허가, 의존격 허가, 자립격 허가 등으로 정밀하게 체계화하게 되었다. 뿐만 아니라, 이러한 논의를 통해 적어도 격 허가의 차원에서는 격 할당 이론(지배결속이론)이 격 점검 이론(최소주의 이론)보다 비교 우위에 있는 이론임을 논증할 수 있었다.

요컨대, 이 연구는 보편적인 이론 틀(보편적인 문법)이 한국어의 개별적 특성을 어떻게 효과적으로 드러내 줄 수 있는가를 보여주는 동시에, 한국어라는 개별언어가 대조언어학적인 이론 틀(보편적인 문법)의 보완에 어떻게 기여할 수 있는가를 아울러 보여준다.

▨ 한국어의 격 허가 기제 *

1. 서론

1.1 문제 제기

본고는, 한국어가 지닌 다양한 격 허가 기제(Case licensing mechanism)들을 종합적으로 검토해 보고 그것이 보편문법의 격 이론에 대해 가지는 함의를 논구하는 데 그 목적이 있다.

생성문법의 도입 이후 한국어의 격 문제는 항상 논쟁의 핵심에 서 있었다.[1] 그리고 Chomsky(1981, 1986)를 필두로 한 지배·결속 이론이 근자에 와서 Chomsky(1995)의 점검이론(자질 유인 이론)과 Chomsky (1998, 1999)의 일치이론으로 변모하면서 한국어의 격을 바라보는 시각도 적지 않게 달라지고 있다.

이러한 배경 하에서 한국어의 격에 대한 연구는 대체로 격

---

* 이 글은 2001년도 한국언어학회 겨울학술대회(2001. 12. 8, 서울대 교수회관)에서 처음 발표되었다. 토론 과정을 거치면서 다듬어진 원고는 「국어학」 39집에 실린다. 이후 수정·확대의 과정을 거쳐 김의수(2004/2006)의 2.2.1.절과 3.3.1.3.절로 확충된다. 여기서는 이 책의 맥락에 맞도록 다시 글을 수정하여 올린다. 이 글을 통해 독자가, 보편적인 문법에 의해 한국어라는 개별언어가 어떻게 효과적으로 기술될 수 있고, 역으로 한국이라는 개별언어가 그러한 대조언어학적인 이론 틀의 보완에 어떻게 기여할 수 있는가를 동시에 볼 수 있기를 바란다. 물론 '격 허가'라는 주제 자체에 관심을 두고 읽을 수도 있을 것이다.

1) 한국어의 격과 조사에 관한 비교적 최근까지의 연구 성과와 흐름, 쟁점에 관해서는 한국어학회 편(1999)을 참고할 수 있다.

일반론적 관점에서의 연구와 개별 구문론적 관점에서의 연구로 대별된다. 전자에서는 한국어의 기본 문장 구조를 설정하고 그에 따른 구조격 배당 원리를 제안하는 데 초점을 두었고 후자에서는 한국어의 다양한 구문에서 관찰되는 격 중출이나 격 교체 현상을 탐구하는 등 한국어의 개별 구문에 나타나는 격 현상의 유형과 원리를 탐구하는 데 집중하였다.[2]

그러나 이상의 논의에서는 한국어가 허용하는 다양한 격 허가 기제들을 체계적으로 살핀 것을 찾아보기 힘들다. 원리와 매개변수의 관점에서 한국어의 격 현상을 처리하기 위해 그동안 다양한 이론과 기제들이 동원되어 왔다. 이제 그 가운데 유력한 것으로 보이는 것들을 한데 모아 놓고 그 본질적 속성을 따져 보고 상호 비교하여 한국어 격 허가 기제의 전체 윤곽이 어떠한가를 살피는 것이 현 시점에서 긴요한 작업이 될 것이다.

이에 본고에서는 한국어가 허용하는 격 허가의 기제들을 종합적으로 고찰해 보고자 한다. 그리고 이들의 속성을 비교·검토하여 그 전반적인 특성과 기제들 간의 상관성, 선택의 문제를 논의한다. 아울러 한국어의 격 퍼짐 현상과 격 허가 기제들의 수의적 교체 적용 현상을 토대로 격의 점검이론보다 격의 할당이론이 좀더 설득력 있는 접근 방식임을 주장할 것이다.

---

2) 본문에서 자세히 논의되겠지만, 구조격은 본유격과 함께 추상격을 구성한다. 한국어에서 어휘격은 본유격의 형태적 실현이며 구조격은 대체로 주격과 대격을 포함한다. 구조격의 배당 원리와 설정의 범위에 관해서는 고창수(1992)와 이관규(1992)를 참고하기 바란다.

1.2 '격 허가'의 의미 : 격 여과 회피

본격적인 논의에 앞서 잠시 언급해 둘 것이 있다. 그것은 다름 아닌 격 이론의 바탕이 되는 격 여과의 위상에 관한 것이다. 격 여과(Case filter)라는 조건은 Chomsky(1981: 49)에서 (1)과 같이 제안된 바 있다.

(1) *NP if NP has phonetic content and has no Case.
(2) An element is visible for Θ-marking only if it is assigned Case.

(1)은 음성적으로 실현된 명사구는 반드시 격을 가지고 있어야 한다는 것으로, 격을 명사구의 PF 해석 조건으로 규정한다. 그러나 Chomsky (1986a: 94)에 와서 격은 (2)와 같이 명사구의 LF 해석 조건으로 재규정된다. 가시성 조건(Visibility Condition)이 격 여과를 대신할 것으로 기대하는 것이다.3)

본고에서는 다음과 같은 이유로 인해 격 여과를 가시성 조건으로 대체할 수 없다고 생각한다. 첫째, 정의상 (2)는 (1)의 외연을 포함하지 못한다. 둘째, '절'과 'PRO'의 격 문제에 관해 (1)은 그것을 즉각 설명해 주지만 (2)는 예외적 규정(speculation)을 두어야 한다.4) 셋째, 격에 대한 요구가 논항에만 국한된 것이 아님

---

3) Chomsky(1986b)의 연쇄조건(chain condition)도 같은 맥락에 있으며 이는 공히 격 여과의 뿌리를 의미역 준거에 두려는 시도들이다.

4) Stowell(1981)은 격 저항 원리(Case resistance principle)로 인해 시제절 자체는 격을 받지 않아야 하지만 그것이 남긴 흔적은 격을 받아 시제절의 연쇄 전체가 격을 가지게 된다고 하였다. 그러나 격에 대해 저항하는 요소가 격을 가진 연쇄의 일원이 된다는 것은 모순적이다. 한편, Chomsky & Lasnik(1993)

을 보여주는 사례가 있다. 본문에서 다룰 명사포합이나 보조사 부착, 자립격의 경우가 그러하다. 이 문제에 관해 (1)은 즉각적으로 설명을 해 주지만 (2)는 전혀 설명을 해 줄 수가 없다. 따라서 격 여과는 의미역 이론으로 환원될 수 없는 독자적인 조건으로서 PF 접합점이 갖는 명사구 허가 조건으로 생각해야 한다.5)

그리고 이러한 생각이 옳다면 '격 허가 기제'라는 것은 다름 아닌 '격 여과 회피 기제'가 된다. 즉, 본고에서 논의할 한국어의 격 허가 기제는 '격 여과'라는 조건을 회피하도록 한국어가 허용하는 절차를 의미한다. 따라서 그것은 기존에 주로 논의되었던 격 할당(Case assignment)이나 격 점검(Case checking)의 차원을 훨씬 넘어서 다양한 격 허가 현상을 아우르는 개념이 된다.

본문의 2절에서는 한국어의 이러한 다양한 격 허가 기제들을 검토할 것이다. 3절에서는 기제들의 자질 비교를 통해 한국어 격 허가 체계의 전반적인 특성과 기제들 간의 상호 관계 및 선택의 문제를 논의한다. 4절에서는 이들 기제간의 수의적인 교체 적용 가능성과 한국어의 격 퍼짐 현상을 토대로, 적어도 격 이론적 관점에서 점검이론보다 할당이론이 좀더 타당한 것임을 논증함으로써 한국어 격 이론의 보편문법적 함의를 이끌어내도록

은 'PRO'를 영격(null Case)을 가진 유일한 명사구로 가정한다. 그러나 '영격'이 격의 일반론에 부합하는가는 의심스럽다. 그것은 개념적 가공물에 지나지 않아 보인다.

5) 한학성(1995: 116) 역시 격 여과와 가시성 조건은 구별되는 개념이라고 하였고, 강명윤(1999: 685)에서도 격이 의미역 배당의 필요충분조건이 아니라는 점을 분명히 했다.

한다. 5절에서는 본문을 요약하고 남은 문제들을 논의한다.

2. 한국어의 격 허가 기제

본고에서 살펴보게 될 '한국어의 격 허가(혹은 격 여과 회피) 기제'에는 '명사포합, 보조사 첨가, 어휘격 할당, 구조격 할당(의존격 할당, 자립격 할당)' 등이 있다. 이 가운데에는 학계에 이미 널리 알려진 것이 있는가 하면 비교적 생소해 보이는 것도 있을 것이다. 각 기제에 관한 설명에서는 그것이 한국어에 적용되는 구체적 양상에 대한 논의가 주를 이루겠지만 때로 그 기제가 가지는 보편문법적 함의를 음미하거나 그것과 밀접히 연관된 다른 주제로 시야를 확대해 보기도 할 것이다.

2.1 명사포합

명사포합(Noun Incorporation)은 Baker(1988)에서 제안한 것인데 국내외의 여러 연구, 그 가운데 특히 한국어 연구에서는 '철수는 수학을 공부를 하였다/ 철수는 수학을 공부하였다'와 같은 경동사(Light Verb) 구문에서 서술성 명사인 '공부'의 격 문제를 해결하기 위해 많이 원용되었다. (3)에서 보이듯이 '철수는 수학을 공부하였다'에서 경동사 '하다'의 보충어인 NP의 핵 '공부'가 인접한 동사 핵으로 이동하여 격 여과를 회피한다

고 하는 것이다.[6]

(3)
```
                    ···   ···
                     V'
                    /    \
                  NP       V
                  △      /   \
              ··· N'    Nᵢ    V
                 |      |     |
                 tᵢ    공부    하-
```

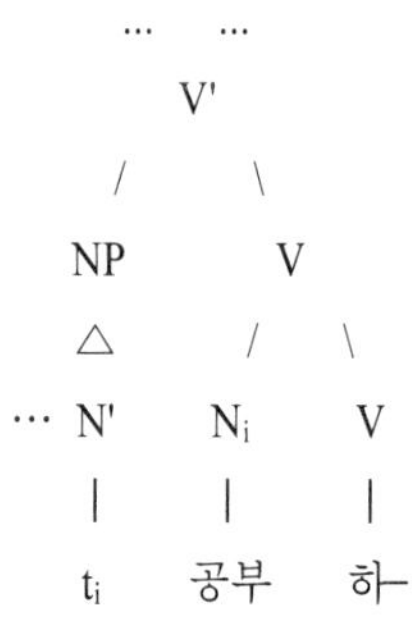

명사구의 핵이 이동할 경우 그 흔적은 공범주 원리(Empty Category Principle, 이하 ECP)를 준수해야 하므로 지정어가 아닌 보충어만이 명사포합을 겪을 수 있다고 하는 것은 일반적으로 받아들여지는 주장이다.[7]

이러한 포합 이론의 효용성을 인정하면서 저자가 본 절에서 주목하고자 하는 바는, 과연 이러한 명사포합이 무슨 이유로 격 여과 회피의 기제가 될 수 있는가 하는 근본적인 물음이다.

Baker(1988, 106-111)에서는 "포합된 명사는 격을 필요로 하지 않는다"는 것을 언어자료를 통해 입증하는 동시에 그러한 이유를 'PF 해석 원리'와 '수정된 가시성 조건'에 근거한 다음

---

6) 경동사 '하다' 구문에 관해서는 2.4절에서 다시 논의할 것이다.

7) 이와 관련된 대표적인 논의로서 홍용철(1994)를 들 수 있는데, 그는 포합을 중심으로 격 부여와 격 탈락의 문제도 함께 고려하고 있다. 한편, 포합 이론은 국내외의 문법 연구에서 이미 널리 받아들여진 것이므로 관련된 선행 연구들을 여기서 일일이 언급할 필요는 없어 보인다.

과 같은 규정(speculation)에 의해 해명하고 있다8): "핵 이동에 의해 형성된 '연쇄 동지표 표시(chain co-indexing) 관계'는 가시성 조건을 위한 '격-지표 표시(Case-indexing) 관계'로 작용한다."(p.118). 이는 곧, 보충어 명사구의 핵이 인접한 동사 핵으로 이동할 때 '연쇄 동지표 표시 관계'가 형성되고 그 관계는 동시에 보충어 명사구의 '격-지표 표시 관계'로 작용하므로 결과적으로 보충어 명사구는 가시성 조건에서의 격 요구를 충족시키게 된다는 것을 의미한다.

그러나 이러한 주장은 격 여과가 가시성 조건으로 흡수될 수 없다는 점에서, 그리고 그것이 특수한 규정을 사용하고 있다는 점에서 재고의 여지가 있다. 첫 번째 문제는 본고의 1.2절에서 이미 다룬 바 있다. 두 번째 지적은 영가설(Null hypothesis)의 측면에서 제기한 것이다. 본고에서는 김의수(1999다, 2000다: 92)에 따라 별도의 규정 없이도 '격 여과'의 개념만으로 '명사포합'의 격 여과 회피 유발 효과를 설명할 수 있다고 본다.

(3)을 예로 들어 설명해 보자. (3)에서 V가 취하는 보충어 NP의 핵 '공부'가 V로 이동해 가면, 핵이 빠져나간 NP는 더 이상 음성적인 내용을 가지지 못하게 되는 반면, 이동해 간 명사 핵 '공부'는 음성적인 내용은 가지지만 그 자체로서는 NP가

---

8) 1) The principle of PF Interpretation.(Baker, 1988: 116).

   Every Case indexing relationship at S-structure must be interpreted by the rules of PF.

   2) The Visibility Condition(revised).(Baker, 1988: 117).

   B receives a theta role only if it is Case-indexed.

   (이때 'B'는 명사구를 의미한다. -저자 주)

아닌 N^0에 불과하게 된다. 격 여과가 '음성적 내용을 가진 NP'에 적용되는 조건이라고 할 때 (3)의 보충어 NP나 이동한 핵 '공부' N^0는 모두 이러한 격 여과의 적용 대상이 되지 못한다. 결국 '명사포합'은 하나의 명사구를, 범주만 가지는 NP와 음성적 내용만 가지는 N^0로 분리시킴으로써 격 여과의 가시 영역으로부터 벗어나게 해 주는 효과를 지닌다고 할 수 있다.

이상으로 명사포합의 격 여과 회피 효과를 '격 여과'의 기본 개념과 '핵 이동'이라는 일반 기제만을 통해 설명해 낼 수 있음을 보였다. 이러한 설명은 '영가설'의 정신에 부합할 뿐만 아니라, 격 여과가 가시성 조건으로 흡수될 수 없다는 본고의 일관된 주장과도 합치한다.

2.2 보조사 첨가

이 기제는 일견 평범해 보인다.

> (4) 가. 철수가 수학을 공부는 한다.
> 나. 철수만 밥 외에 빵도 먹었다.

(4가)와 같은 경동사 구문에서나 보통의 경우인 (4나)에서 보조사 '는', '도', '만' 등이 NP가 격 여과를 회피하도록 해 준다고 하는 것은 별로 특이하게 보이지 않는다.9) 그러나 특히 중

---

9) 세부적인 입장은 약간 다를지라도 임홍빈(1987: 25, 48)에서도 이미 보조사에 의한 격 여과 회피에 대해 논의한 바 있다. 예컨대, '철수는 그 일을 하였다'와 같은 문장에서 '철수는'은 다음과 같은 "주제의 격-여과 면제 조건"에 의해

세국어의 '의문사' 구문에서 기존의 Huang(1982)나 지배·결속 이론에서 말하는 의문사 변항의 격 할당 논변이 그 설명력을 잃는 데 반하여, '보조사 첨가'가 이에 대한 훌륭한 대안이 될 수 있음을 볼 때 '보조사 첨가' 역시 한국어의 격 여과 회피 기제의 중요한 일원임에 틀림없음을 새삼 깨닫게 된다.10)

엄정호(1989, 1993)의 논의로부터 이야기를 시작하자. 그는 (5)와 같은 '이다' 구문에서의 의문사 출현을 증거로 '이다'에 선행하는 NP에 주격이 할당된다고 주장하였다.

> (5) 가. 죤이 <u>누구</u>입니까? (엄정호, 1989: 124).
>
>   나. 돌이를 사랑하는 여인이 <u>누구</u>냐? (엄정호, 1993: 327).
>
>   -밑줄은 저자.

즉, 제자리 의문사 언어에서라도 '의문사'가 나타날 수 있는 자리는 보편문법의 관점에서 볼 때 격이 할당되는 위치이므로 '이다'의 선행 NP에 주격이 주어진 것으로 보아야 한다는 것이다.11) 그러나 김의수(2000다: 78, 92)에서 지적하였듯이 (6)은

격 여과를 회피한다고 보았다.

1) 주제의 격-여과 면제 조건: 주제가, 특정한 格이 없이, 형태론적인 격 표지를 가지지 않는 경우에도 그것은 격-여과 조건을 면제받을 수 있다.(임홍빈, 1987: 25).

비록 본고는 통사부에서 '주제'와 같은 개념을 끌어들이고 싶지는 않지만, '는'이 기본적으로 화용적 표지임은 부정할 수 없다는 입장에서 임홍빈 (1987)의 1)과 같은 가정에 기본적으로 동의한다.

10) 그렇다고 해서 '보조사(첨가)'가 '격 여과 회피'를 위해서만 존재한다고 할 수 없음은 굳이 언급할 필요조차 없다.

11) 이것은 '이다'가 의미역 배당 능력이 있는 실질용언(lexical verb)이라는 그의 주장과 직결된다. 즉, 한국어에서 실질용언은 그것이 비록 격 할당 능력은

그와 같은 주장에 대해 문제를 제기한다.

(6) 가. 얻논 藥이 <u>므스</u> 것고 <월인석보(1459), 21: 215>
　　 나. 부톄 <u>누</u>고 <월인석보(1459), 21: 195>

즉, (6)에서는 (5)와 동일하게 의문사가 출현하였으나 '이다' 대신 의문 보조사 '고'만이 자리하고 있다.[12) 보조사 '고'를 격 할당자(Case assigner)로 간주할 수는 없으므로 (6)에서는 격이 할당되지 않은 위치에 의문사가 출현한 것으로 보아야 한다. 그리고 이러한 사실은 (5)에서도 '누구'가 주격을 할당받았다고 쉽게 단정할 수 없도록 만든다. 그런데 이것은 엄정호(1989, 1993)의 주장에 문제가 있다는 지적만으로 넘길 문제가 아니다. (5)와 (6)은 보편문법의 차원에서 그 설명을 요구하고 있다.

의문사의 흔적(변항, variable)이 반드시 격을 할당받아야 한다는 것은 언어 보편적이라 할 수 있다. 그런데 (6)에서 의문사는 격을 할당받지 못하고 있다. 그렇다면 무엇이 문제인가?

격 할당(Case Assignment)은 격 허가의 한 방법에 불과하다는 점에 주목하자. 또한 그로부터 변항의 격에 대한 요구가 '격 할당'이 아닌 격 허가(Case Licensing)라고 생각해 보자. 김의수

없더라도 그 보충어 NP에 주격이 부여되는 것을 허용한다(예, 나는 그가 밉다). 따라서 '이다' 앞에 주격이 주어진다는 주장은 곧 '이다'가 실질용언이라는 주장을 뒷받침한다. 이에 대한 자세한 논의와 논평은 김의수(2000다: 671-675)를 참고하기 바란다.

12) 고영근(1987)에 의하면 중세국어에서는 의문사에 직접 '보조사'인 '고'가 부착됨으로써 설명의문문을 만들 수 있었다. 이는 현대국어 동남방언에서도 확인되는 현상이다.

(1998나, 1999다: 1015)에서 이미 지적하였듯이 한국어는 적어도 5가지의 격 허가 기제를 허용하는 것으로 보인다.13) 그런데 (5)와 (6)에는 격 할당이라는 '구조격 허가'의 기제가 적용될 수 없다.14) 그렇다면 나머지 격 허가 기제에서 해결의 실마리를 찾아야 할 것이다. 본고는, (5)에서는 명사포합을 통해, (6)에서는 보조사 첨가를 통해 격 허가가 이루어지며 그에 따라 변항의 격 요구 또한 충족된다고 생각한다.(김의수, 2002바: 895).

이제 이러한 결론이 보편문법에 시사하는 바를 두 가지로 나누어 간략히 살펴보자. 하나는 좀 전에 언급한 변항의 격 허가에 관한 것이다. 모든 언어에서 명사포합이나 보조사 첨가가 변항의 격 문제를 해결해 줄 것으로 기대할 수는 없다. 다른 언어에서 변항의 격 허가를 위해 격 할당 이외의 또 다른 기제를 사용할 가능성도 배제할 수 없다. 따라서 이러한 측면을 고려하여 변항의 격 요구를 '격 할당'이 아닌 '격 허가'로 인식해야 할 필요성이 있다. 두 번째 측면은 격 여과의 독자성에 관한 것이다. (5)나 특히 (6)에서 의문사는 논항이 아니다.15) 그러나 그것은 변항을 통해 격을 요구하고 있다. 따라서 이를 통해 격

---

13) 이는 곧 본고에서 논의하는 '명사포합, 보조사 첨가, 어휘격 할당, 구조격(의존격, 자립격) 할당'을 의미한다. 본고는 김의수(1998나 1999다)에서 마련된 이러한 생각의 단초를 본격화한 김의수(2002다)를 그대로 받아들인다.

14) 저자는 김의수(2000다, 2002라, 마)에서 이미 '이다'가 의미역 할당 능력이 없는, 문장의 서술양상 구현을 위해서 도입된 형식용언에 불과함을 주장한 바 있다. 이 같은 입장에서는 '이다' 앞의 명사구에 구조격이 할당된다고 볼 수 없다. 자세한 논의는 김의수(2004/2006)의 3.3.2절을 참고하기 바란다.

15) 김의수(2002마)에서는 (5)와 (6)에서 NP들끼리 소절(Small Clause)을 이루며 의문사는 소절의 술어가 된다고 보았다.

여과 조건이 가시성 조건으로 대체될 수는 없음을 다시 한번 확인 할 수 있다.

2.3 어휘격 할당

어휘격(Lexical Case)이라는 용어는 본유격(Inherent Case)과 다르지 않으며 구조격과 함께 추상격(Abstract Case)을 구성한 다.16) 그것은 의미역 할당과 밀접한 관계에 있으며 그에 걸맞은 특정한 격조사(어휘격 조사)를 요구하고 그러한 점에서 구조격과 구별된다.17) 그러나 어휘격 할당 역시 격 허가 기제의 하나임은 분명하다.

방금 언급한 대로 어휘격은 의미역과 매우 유관하다. 어휘격을 의미적인 격, 즉 의미격이라고 부르기도 하는 이유가 여기에 있다. 그것은 격 이론과 의미역 이론에 걸친다. Fillmore의 심층격 제안을 의미역 이론으로 포섭한 GB에서는 본유격(Inherent Case)을 비록 의미역이 아닌 격의 하위부류에 넣어 두었지만 의미역에 대한 본유격의 위상이 모호하기는 하다. '의미역과 밀접한 관계에서 주어지는 격' 혹은 '의미역과 함께 주어지는 격'이라는 GB의 정의는, 본유격과 의미역이 어쨌든

---

16) 추상격은 격과 격 표지가 구별되어야 한다는 것을 전제한 개념이다. 격 자체와 격 표지를 구별하는 이유와 필요성에 대해서는 Chomsky(1981)과 Lasnik & Uriagerecka(1988), 그리고 성광수(1999)를 참고하기 바란다.

17) 김영희(1986)에서 말하는 "의미격"은 '의미역'으로, "의미격 표지"는 '어휘격 표지'로 이해될 수 있다. 이때 어휘격이라는 용어는 임홍빈(1987: 34-35) 등에서 사용한 것으로 구조격과 구분되며 의미역과 밀접한 관계에서 주어지는 격을 말한다.

구별된다는 것 외에 본유격이 의미역과 정확히 어떠한 관계를 맺고 있는지, 그리고 어떻게 구별되는지에 대해 사실상 아무것도 말해 주지 못하고 있다. 만일 본유격과 의미역이 사실상 구별되지 않는 것이라면 본유격은 격의 하위부류에서 제외될 것이며 그로 인해 문법기능 결정의 인자는 '의미역–(구조)격'과 같은 이원체계 혹은 '격={의미격, 통사격}'과 같은 일원체계로 귀납될 것이다.

의미역과 (구조)격을 구별하는 이유는, 특정한 의미역이 항상 특정한 격으로만 실현되지는 않기 때문이다. 마찬가지로, 의미역과 본유격을 구별해야 한다면, 비록 본유격이 의미역과 매우 유관하다 하더라도 그것이 의미역과 항상 일대 일 대응이 되지 않는다는 것을 보여주어야만 한다. 이 시점에서 임홍빈(1987: 34-5)의 논의를 참고할 수 있는데, 그는 격 배당의 측면에서 의미역을 격 자질로 바꾸어 주는 작업이 필요하다고 논의하면서 그 구체적인 절차를 제시했다. 이 과정에서 가령, 방향역(Goal)과 같은 의미역이 경우에 따라 한국어에서 세 가지 정도의 격 자질([+dative], [+directional], [+locational])로 바뀔 수 있음을 지적했다. 그에 따라 격 자질의 실현도 각각 '에게, 로, 에' 등으로 달리 나타난다. 이 경우 역시 동일한 의미역이 항상 동일한 형태의 실현을 보장해 주지는 못함을 알 수 있다. 따라서 의미역과 구별되는 격 자질의 설정이 필요하며 그것을 본유격으로 명명할 수 있다.

이에 대해 논자에 따라서는 그러한 사실을 의미역의 세분과 그에 따른 형태적 실현으로 파악해 줄 수도 있다고 할지 모른다. 그러나 논항이 가진 문법기능의 형태적 실현은 전통적으로 격이라는 개념 하에서 논의되어 온 것이 사실이다. 또한 특정한 의미역이 항상 특정한 격 형태로 실현되는 것도 아니라는 점에서 본유격은 구조격과 동일한 속성을 지닌다. 따라서 본고에서는 의미역과 격을 구분하고, 의미역과 밀접한 관계에 있지만 격의 하위 체계에 종속되는 본유격의 설정이 필요하다고 생각한다.[18]

본유격(Inherent Case)은 본래적으로 결정되어 있는 격임을 암시한다. 그리고 그러한 암시는 본유격이 동사의 어휘적 속성 가운데 하나로 기재되어 있다는 생각을 불러일으키게 만든다. 사실상 영어의 경우 본유격은 특정한 전치사를 요구하기도 한다. 이러한 관점에서 Belletti & Rizzi(1986)은 본유격을 의미역 격자(Θ-grid) 내의 홈(slot)에 연결되는 격 격자(Case-grid)로 표시할 것을 제안했다. 이때 격 격자에 명시되어 있는 것은 특정한 의미역에 연결된 특정한 격 표지(전치사)이다. 따라서 본유격은 동사의 논항구조의 일원에만 할당될 수 있다.[19]

그러나 Belletti & Rizzi(1986)에 따라 의미역뿐만 아니라 본유격 표지도 동사의 어휘적 속성으로 간주한다면, 본유격 표지

---

18) 성광수(1999: 148)에서도 의미역(그의 용어대로라면 의미격)의 표지는 구태여 정할 필요가 없고 통사격의 표지는 구체적인 격 실현의 수단이므로 개별 언어의 형태 표지(어순 포함)가 불가피하다고 지적한 바 있다.

19) 한국어에서도 격 격자(Case-grid) 설정 논의가 있어 왔다. 우형식(1996), 김의수(1997), 임홍빈(2000, 2003) 등이 그것이다. Belletti & Rizzi(1986)은 오로지 본유격에 대해서만 격 격자를 가정했지만, 이들은 모든 논항에 실현될 격 표지(구조격 표지 포함)를 격 격자에 다 설정해 넣었다. 그러나 본고는 이러한 격 격자 설정에 부정적이다. 그 이유는 아래에서 논의할 것이다.

는 투사원리에 따라 통사부에서 변개될 수 없을 것이다. 그러나 사실은 그렇지 않다. 가령, '철수가 영희를 아내로 삼았다'에서 '아내로'는 동사의 필수논항이다. 이때 '로'가 본유격 표지라면 그것은 '아내'에게 부여된 특정한 의미역(아마도 Goal)과 함께 동사 '삼-'이 가진 어휘적 속성의 하나로서 통사부에 입력되었을 것이다. 그러나 '철수가 영희를 아내를 삼았다'에서 보듯이 '아내로'와 '아내를'은 교체가 가능하다. '로'의 실현이 '를'에 의해 포기될 수도 있는 것이다. 이러한 사실은 곧, '로'와 '를'의 교체가 투사원리에 저촉되지 않음을 의미하는 동시에 '로'가 동사의 어휘적 속성이 아님을 뜻한다.

결국, '로'와 같은 본유격 표지 자체를 동사의 어휘적 속성의 일부로 기술해서는 안 될 것이다. 오히려 그러한 속성은 '로'와 같은 표지의 자체 정보로 기재되어야 할 것이다. 다만 '삼-'과 같은 동사의 논항구조에 (Agent(Theme(Goal$_{+directional}$)))과 같은 정도의 선택자질 기술은 필요할 것이다. 이러한 동사의 어휘적 속성은 내재논항의 격 허가가 본유격에 의해 이루어질 때에 참조된다. 본유격 표지 역시 그 자체의 정보로서 '[로: +directional]'과 같은 자질 명세를 가질 것이며, 그러한 의미적 특질이 동사가 가진 내재논항의 선택자질과 부합하면 그 실현이 인가될 것이다. 그리고 그러한 이유 때문에 본유격은 특정한 의미역과 간접적으로나마 늘 연결되어 있어 의미역과 밀접한 관계에서 주어지는 격이라고 말할 수 있다.[20]

---

20) 이렇게 본유격이 의미역과 밀접한 관계를 가지는 까닭에 의미역 허가에서도 일정한 기여를 하게 된다. 이 문제에 관해서는 김의수(2004/2006)의 2.2.2절

그리고 방금 언급한 '철수가 영희를 {아내로, 아내를} 삼았다'와 같은 예는 구조격과 본유격이 계열관계에 놓여 있음을 말해 주기도 한다. 즉, 경우에 따라 구조격이 채택되기도 하고 본유격이 채택되기도 한다. 물론 본유격의 선택과 실현은 동사의 논항구조 내 정보('Goal$_{+directional}$'에서 밑줄 그은 부분)가 활용된 것이다. 그러나 그러한 정보를 활용하지 않고 동사의 어휘적 속성([+transitivity])만을 참고하여 대격이라는 구조격이 할당될 수도 있는 것이다. 이는 추상격의 할당에서 구조격과 본유격이 기본적으로 경쟁관계에 놓일 수도 있음을 보여준다.[21] 따라서 격의 허가 관점에서 본유격 할당은 구조격 할당과 대등한 관계를 가진 격 허가 기제의 일원임이 분명하다.

한편, 본고에서는 본유격(Inherent Case)이라는 용어보다는 어휘격(Lexical Case)이라는 용어를 선호한다. 본유격이라는 용어는 불필요하게 Belletti & Rizzi(1986) 식의 제안을 연상시킬 위험이 있다. 반면, 어휘격이라는 용어는 그러한 격이 구조격과 달리 그 표지에 많이 의존한다는 인상을 준다. 사실상, 특정한 논항에 어휘격 조사가 실현되지 않은 상황에서 그 논항이 어휘격을 가졌다고 말하기는 힘들다. 어휘격의 배당 여부는 그 격 표지의 실현

을 참고하기 바란다.

21) 김영희(1999)에서는 '로'와 같이 소위 부사격 조사로 불리는 형태들(에, 에게, 에서, 로)의 통사·의미론적 기능을 세분하여 논의한 바 있다. 부사격 조사들은 경우에 따라 동사가 부여하는 의미역을 잉여적으로 표시해 주는 데 그치는 것(사격 표지)이 있는가 하면, 그 자체로서 의미역을 독자적으로 부여하는 것(후치사)이 있다. 부사격 조사로 불릴 수도 있는 이러한 어휘격 표지들의 기능상의 차이에 따라 구조격 조사인 '를'과의 경쟁관계가 성립할 수도 성립하지 않을 수도 있다. 그 구체적인 양상은 김영희(1999)를 참고하기 바란다.

여부에 강하게 의존하며, 그러한 표지는 미세하지만 어휘적 의미를 가지고 있기 때문이다.22)

2.4 구조격(의존격과 자립격) 할당

'격 할당'은 구조격 할당이라는 이름으로 보편문법에서 기본적으로 인정하는 격 여과 회피 기제이다. 그런데 본고에서는 김의수(1998나, 1999다)에서 주장한 바대로, 이를 격 할당자의 유무를 통해 의존격(Dependent Case) 할당과 자립격(Independent Case) 할당으로 하위 구분하고자 한다. 둘은 공히 일정한 구조적 형상을 전제로 한다는 점에서는 같지만, 전자가 특정한 격 할당자를 요구하는 반면, 후자는 그렇지 않다는 점에서 구별된다.

자립격 개념의 단편은 Chomsky(1981: 170)에서도 관찰된다.

    (7) 속격은 [NP ___ X']와 같은 형상에서 허가된다.23)

(7)이 흥미로운 것은, 그것이 특정한 격 할당자 없이 일정한 형

---

22) 예컨대, 앞서 논의했던 '[로: +directional]'의 경우, 방향([+directional])이라는 의미는 문법적 의미라기보다는 어휘적 의미인 것으로 사료된다. 따라서 '어휘격'이란 사실상 어휘격 표지가 가지는 이러한 어휘적 의미에 지나지 않아 보인다. 그러나 구조격 조사인 '가, 를' 등이 어휘적 의미를 가졌다고 보기는 힘들다. 가령, 그들이 주제나 초점 표시의 기능이 있다고 간주하더라도 '주제, 초점'은 어디까지나 화용적인 의미이지 어휘적인 의미는 아니다. 따라서 '어휘격'은 구조격과의 이러한 차이점을 잘 드러내 줄 수 있는 용어로 보인다.

23) 이는 NP 내부에서 X'와 자매관계에 놓이는 NP에 속격이 주어짐을 뜻하며, "I like his reading books"와 "I like his book"에서의 "his"의 격을 보장해 준다.(Chomsky, 1981: 165).

상만 주어지면 속격이 허가됨을 의미하기 때문이다.

한편, 영어에서는 다음과 같은 구문이 격 할당 문제를 어렵게 만든다.

   (8) 가. His being honest is true.
       나. Him being honest is true.

(8가)는 (7)로 설명이 가능하지만, 대격(Accusative Case)이 허가되는 (8나)는 문제가 아닐 수 없다. 이에 황규홍(1997) 등은 영어에서 자립격으로서 주어지는 대격을 인정한 바 있다.

자립격은 기존에 무표격이나 무정격(Default Case)으로 불려 온 것으로, 한국어에서는 대체로 '주격'만이 그에 해당한다고 주장되어 왔다. 이와 관련하여 대표적으로 다음과 같은 논의들을 들 수 있다.

   (9) 강영세(1986)
      가. 대격은 [−상태성] 동사의 자매인 명사구에 부여된다.
      나. 주격은 모든 격 표시 되지 않은 명사구에 부여된다.
  (10) 김영주(1990)
      가. [+행위성] 동사는 자매 명사구에 대격을 부여한다.
      나. 주격은 모든 격 표시 되지 않은 명사구에 부여된다.
  (11) 홍기선(1991)
      가. 결정자 논항이 있을 때 피결정자에게 대격이 부여된다.
      나. 주격은 모든 격 표시 되지 않은 명사구에 부여된다.

(12) 강명윤(1992)
　　　어떤 명사구가 어휘적 범주에 의해 지배될 경우에만 그것은
　　　무정격을 가질 수 있다.24)

보통, 자립격은 '격을 할당받지 못한 NP에게 자동적으로 주어지는 격'으로 생각하기 쉽다. 즉, 그것은 얼핏 보면 '아무런 조건이나 제약 없이 주어지는 격'인 듯하다. 그러나 우선 (9)~(11)을 보아도 그것 역시 통사(구조)·의미적 조건 하에서 주어지는 것임을 알 수 있다. 예를 들어, (9나)에서 자립격으로서의 주격은 '[−상태성] 동사(의미적 제약)의 자매가 아닌 명사구(구조적 제약)에 주어지는 격'으로 환언할 수 있다. 더욱이 (12)에서는, 자립격이 주어지는 독자적 환경('지배'라는 구조적 환경과 '어휘적 범주'라는 의미적 환경)이 명시되고 있음을 볼 수 있다. 본질적으로 조건 없이 주어지는 격이란 있을 수 없다.25) 그런데 자립격은 '특정한 격 할당자' 없이 주어진다는 측면에서 (9)~(11)의 (가)에 의해 할당되는 격(즉, 본고에서 말하는 의존격)과 구별된다. 그렇다면 이제 구조격(Structural Case)을 다음과 같이 하위

---

24) 이때 무정격(Default Case)은 주격을 가리키며 '지배'는 최초 분지 절점에 의거한 성분지휘로 정의된다.(강명윤, 1992: 47).

25) 혹자는 저자가 자립격을 구조격의 하나로 본 것은 잘못이라고 지적하면서 그 이유로 자립격은 "부여될 수 있는 격이 다 부여되고 나서 그런 격이 부여되지 못하는 상황에서 나타나는 격"이기 때문이라고 말한 바 있다. 그러나 저자가 방금 언급한 것뿐만 아니라 혹자의 지적 자체가 이미 자립격이 다른 격의 정의에 의존하고 있음을 알 수 있다. 이는 곧 자립격이 구조적으로도 의미적으로도 제약된 격임을 의미한다. 따라서 우리는 '아무런 조건 없이 주어지는 격이 자립격'이라는 막연한 생각에서 탈피하여 실제로 정의된 자립격의 실례를 통해 자립격의 실체에 접근할 필요가 있다.

구분할 수 있다.26)

    (13) 구조격 체계
        가. 자립격(Independent Case): 특정한 격 허가자 없이 주어
            지는 구조격(≒Default Case)
        나. 의존격(Dependent Case): 특정한 격 허가자를 요구하는
            구조격(≒Non-Default Case)

만일 이러한 체계화가 옳은 것이라면 우리는 경동사 '하-' 구문의 격 허가 문제를 자립격의 시각에서 해명해 볼 수 있을 것이다. 즉, 경동사 '하-'는 의미역 할당 능력이 없고 그 때문에 격을 부여할 수도 없는 형식용언(dummy verb)이다. 따라서 '하-'에 선행하는 서술성 명사(Verbal Noun)는 논항이 아니며 그에 부여된 대격은 가시성 조건에 의해서가 아니라 격 여과에 의한 것이다. 그리고 특정한 격 허가자 없이 대격이 주어졌다는 점에서 그것은 앞에서 논의한 자립격에 포섭된다.27) 이 때 고려되는 자립격은 대격이며 그 허가 원리를 제시하면 다음과 같다.

---

26) 한정한(1994: 445-6) 역시 한국어에서 대격의 일부가 '무정격(Default Case)'으로 주어진다고 보았으나 그것은 구조격이 아니며 격 이론의 틀에서도 벗어난다고 하였다. 그러나 그것은 구조·의미적 요건을 전제로 하는 격이므로 구조격의 일원임이 분명하다.

27) 한국어 경동사 '하-' 구문의 문제는 매우 복잡하다. 서술성 명사의 범주 문제, '하다'의 특성, 격과 의미역 문제 등에서 많은 이견이 존재한다. 이에 대한 논평과 저자의 주장은 김의수(1999다)와 김의수(2004/2006)의 3.3.1절에 자세히 다루고 있으므로 본 절에서는 현 시점에서 필요한 논의만을 언급하기로 한다.

(14) 자립격 허가 원리

　　가. [$_{X'}$ NP X^0]의 형상에서 X'가 [−비행위자성] 자질을 가
　　　　지며,[28]

　　나. X^0가 [−N, +V]가 아닌 의미역 할당자이거나

　　다. X^0가 [−N, +V]이지만 의미역 할당자가 아닐 경우,
　　　　NP에 자립격으로서의 대격이 허가된다.[29]

(14)는, N 범주가 대격을 부여할 수는 없으며 V 범주라 해도 그것이 의미역 할당 능력이 없으면 대격을 부여할 수 없다는 것에 기초한다.[30] 따라서 이러한 상황에서 출현한 대격은 분명 적절한 격 할당자 없이 주어진 것으로 보아야 한다. 그렇다면 이제 이러한 논의를 토대로 경동사 구문을 설명해 보기로 한다.

(15) 가.　영희가 도착을 했다.

　　나.　영희가 수학을 공부를 했다.

　　다. *영희가 행복을 하다.

---

28) 고광주(2001: 66)에 따르면, 서술어의 의미특성은 '행위자성'과 '비행위자성'으로 나뉘고, 후자는 다시 '상태성'과 '상태변화성'으로 구분된다. 따라서 (14가)의 [−비행위자성]은 '상태성'과 '상태변화성'을 배제하게 된다.

29) 결과적으로 (14나)는 한국어에서는 오직 서술성 명사만을 가리키게 된다. 영어에서는 [−N, +V]가 아닌 범주는 N, A, P일 수 있지만, 한국어에서 형용사는 사실상 V로, 후치사는 사실상 N 범주로(시정곤 1994) 간주되기 때문이다. 결국 한국어의 주요 어휘범주는 [−N, +V]이거나 그렇지 않으면 [+N, −V]라고 할 수 있다. 한편, (14나)와 (14다)는 이접적 조건이므로 명사구는 (14가, 나)나 (14가, 다)를 만족시키면 자립격을 허가 받을 수 있다.

30) 이러한 생각은 Burzio(1986)의 일반화와 기본적으로 맥을 같이 한다.

```
(16) 가.    …           나.    …         다.    …
            V'                  V'               V'
          /   \                /   \            /   \
       NP       V           NP       V       NP       V
      /  \      |          /  \      |        |        |
   NP     N'   하ㅡ     NP    N'    하ㅡ    N'       하ㅡ
   영희    |           영희   /  \           /  \
          N                 NP    N        NP    N
         도착              수학  공부    영희  행복
```

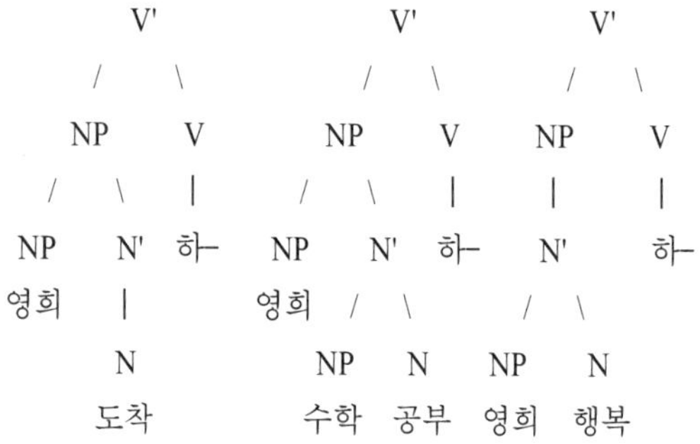

앞서 논의한 것처럼 경동사 '하ㅡ'는 형식용언이므로 [±비행위자성]을 본유적 속성으로 갖지 못한다. 그러나 그것은 자신이 취하는 보어로부터 그것을 계승할 수는 있다.[31] Selkirk(1982: 76)의 삼투 개념[32]은 이를 포착해 준다. 즉, (16)의 (가, 나)에서 '도착'이나 '공부'가 [−비행위자성]이므로 그때의 V'는 [−비행위자성]인 데 반해, (16다)에서는 '행복'이 [+상태성]을 가지므로 그때의 V'는 [+비행위자성]이 된다. 그러면 이를 바탕으로 (16)의 세 경우를 하나하나 설명해 보기로 한다.

먼저 (16가)에서 '도착'은 비능격(unergative) 서술성 명사이므로 Agent 논항을 자신의 지정어로 취한다.[33] 지정어 자리에

---

31) 시정곤(1994: 386)은 경동사 '하ㅡ'를 상태동사와 비상태동사로 이분했으나, 한정한(1993, 1994)는 '하ㅡ'가 본유적으로 그러한 성질을 갖는 게 아니라 선행 성분에 따라 가변적임을 논증하였다.

32) 이 개념은, 예컨대 보충어(즉, 핵이 아닌 요소)가 어떤 자질 α를 가졌고 그 자질이 핵에 명세화되어 있지 않을 경우, 보충어의 자질 α는 핵이 투사하는 상위 절점으로 삼투될 수 있다는 것이다.

33) 고광주(1994)는 동사뿐만 아니라 명사도 논항구조의 성격에 따라 '비능격, 비대격, 타동' 등으로 구별하고 있다. 명사가 '동사 격(Verbal Case)' 할당

놓인 '영희'는 '도착'의 자매가 아니므로 (14가)를 어겨 제자리
에서 자립격(대격)을 부여받지 못하고, IP의 지정어로 인상하
여 주격을 받게 된다.34) 그러나 '도착'이 투사하는 NP 전체는
(14가, 다)를 만족시키므로 자립격(대격)을 허가받는다.35) 다
음으로 (16나)에서 '수학'과 '공부'가 투사하는 NP들은 각각
(14가, 나)와 (14가, 다)를 만족시키므로 자립격(대격)을 허가받

능력은 없지만 논항구조의 측면에서 동사와 비견될 수 있다는 점에서 위의
용어 및 분류를 원용하고자 한다. 또한 Larson(1988) 등에서 주장한 술부내
주어 가설(Predicate-internal Subject Hypothesis)에 입각하여 술어가 취하는
논항들이 술어의 투사 내부에 기저생성된다고 가정한다. 이에 따라 서술성
명사가 취하는 논항들은 서술성 명사가 지닌 논항구조의 성격에 의거하여
서술성 명사가 투사하는 명사구의 지정어나 보충어 자리에 기저생성된다.
기저생성되는 위치는 서술성 명사가 '비능격, 비대격, 타동' 가운데 어느
부류에 해당되는지에 따라 결정된다. 예컨대, 비능격 서술성 명사의 경우엔
지정어 자리에, 비대격 서술성 명사일 경우에는 보충어 자리에, 타동 서술성
명사일 경우엔 지정어와 보충어 자리 모두에 논항이 배치된다.

34) NP인 '영희'는 일단 '도착'이 투사하는 NP에 부가되고 난 후 다시 [Spec,
IP]로 이동할 것이다. 중간의 NP 부가는 장벽성을 해소하기 위한 것이다.
이러한 부가가 가능한 것은, '도착'이 투사한 NP가 의미역을 받는 논항이
아니기 때문이다. 즉, NP나 CP에 다른 무엇이 부가되지 못하는 것은 그러한
부가가 이루어질 경우 NP나 CP가 외부로부터의 의미역 부여에 비가시적이
될 것이기 때문이다.(Johnson 및 Chomsky(1986b)의 가정, 강명윤(1992: 104)
에서 재인용). 그러나 (16가)에서는 '도착'이 투사한 NP가 경동사 '하-'로부
터 의미역을 받지 않기 때문에 이러한 가정에 저촉되지 않는다. 따라서 '영
희'는 '도착'이 투사한 NP에 부가될 수 있다. 부가된 위치는 비의미역 위치이
고 (16가)의 [Spec, IP]가 또한 비의미역 위치이므로 '도착'이 투사한 NP 내부
의 기저생성된 위치로부터 [Spec, IP]에 이르는 '영희'의 명사구 이동은 A'-
이동에 해당할 것이다. 그리고 이상의 설명은 (16가)뿐만 아니라 (16나)와
(16다) 모두에 적용되는 것이다.

35) 같은 맥락에서, 비문인 '*기차를 도착을 하였다'도 설명 가능하다. 이 경우
'기차'는 행위주가 될 수 없고 '도착'도 '비행위자성' 비대격 명사로 보아야
한다. 그렇다면 비록 '기차'가 '도착'의 보충어 위치에 오더라도 그것은 (14
가)를 만족시키지 못해 자립격(대격)을 허가받을 수 없게 된다.

는다. 그러나 '영희'는 (14가)를 어기므로 IP의 지정어로 인상하여 주격만을 허가받게 된다.

한편, (16다)에서 '영희'는 비대격(unaccusative) 서술성 명사 '행복'의 자매로 취해지지만 '행복'이 [+상태성] 자질을 가지므로 (14가)를 위반하여 자립격(대격)이 허가되지 못한다. 따라서 그것은 [Spec, IP]로 인상하여 주격을 부여받을 수밖에 없다. 서술성 명사인 '행복'도 V'가 [+상태성]을 가지므로 (14가)에 저촉되어 자립격을 허가받지 못한다. 뿐만 아니라 '행복'은 이미 '영희'가 이동한 [Spec, IP]로 인상할 수도 없어 주격도 할당받지 못한다. 결국 (15다)와 같은 경우는 불가능하며, '행복'이 '하–'로 명사포합한 '영희가 행복하다'만이 가능한 도출이 된다.36)

3. 한국어 격 허가 기제들의 성격과 선택

이제까지 논의한 한국어의 격 여과 회피 기제들을 몇 가지 기준을 통해 상호 비교해 볼 수 있다.

---

36) (16가~다)의 '영희'가 '도착'이 투사하는 NP 내부에서 속격을 받지 못하는 이유에 대해서는 김의수(2004/2006: 152-155)를 참고하기 바란다.

(17) 한국어 격 허가 기제의 속성

	형상 의존	형태 부착	통사 조작	의미역 관계	격 허가자
명사포합	+	−	+(핵 이동)	−	−
보조사	−	+	−	−	−
어휘격	+	+	−	+	+
의존격	+	+	−	−	+
자립격	+	+	−	−	−

표 (17)에서 우선 주목할 것은 '통사 조작성'과 '형태 부착성'이 '명사포합'을 다른 기제들로부터 격리시키고 있다는 점과,37) 특히 형태 부착성을 가진 기제가 많다는 점이다. 전자는 한국어의 격 허가 기제들이 '형태 첨가'와 '통사 조작'의 두 부류로 대별된다는 것을, 후자는 한국어의 격 허가 기제들 가운데 상당수가 교착적임을 알려준다. '형태 부착성'을 가진 기제들 가운데 유독 '보조사 첨가'만이 '비형상적'이라는 점 역시 눈여겨볼 만하다. 하나의 자질에서만 차이를 보이는 대립 쌍들도 존재한다. '보조사-자립격'과 '어휘격-의존격', '의존격-자립격'이 그것이다. 이들은 각각 '형상 의존성'과 '의미역 관련성', '격 허가자의 존재 유무'에서만 차이를 보인다.

한편, 표 (17)에서 보이듯, 기제들이 요구하는 조건이 서로 다르므로 격 여과 회피 기제의 선택은 기제 자체의 요구 조건과 보편문법의 일반 원리에 따라 이루어지게 된다. 예컨대, 주

---

37) '의존격' 역시 '이동'이라는 통사 조작을 수반하는 것으로 오해할 수 있으나, 격을 할당받기 위한 이동은 이동일 뿐 '격 할당의 일부'일 수는 없다. 반면, 명사포합은 이동 자체가 '격 허가'의 의미를 지니며 형태 부착과 무관하다.

어 명사구는 '명사포합'을 택할 수 없다. 주어가 동사로 포합되면 그것의 흔적이 ECP(공범주 원리)를 위반할 것이기 때문이다. 그러나 보조사 첨가는 거의 모든 경우에서 선택 가능하다. 그것은 다만 형태 부착만을 요구하기 때문이다.[38]

4. 격 허가의 두 관점 : 격 할당과 격 점검

격 허가 기제들에 관한 이상의 논의는 생성문법이 취해야 할 이론 구성의 방향에 대해서도 시사하는 바가 크다.

현 시점에서 대조해 보고자 하는 것은 지배·결속 이론(이하 GB)의 '격 할당이론'과, Chomsky(1995)로 대표되는 최소주의 이론(이하 MP)의 '격 점검이론'이다. 기본적으로 전자는 격 할당이 이루어지고 난 뒤 그에 걸맞은 격 형태가 실현되는 절차인 반면, 후자는 이미 격 형태가 결정되고 난 뒤 그것이 적절한가를 점검하는 과정이다.

MP의 설명 방식을 한국어에 여과 없이 수용하려 들 때 즉시 두 가지 문제가 발생한다. 배번집합(Numeration)의 설정 혹은

---

38) 한편, 격 허가 기제의 중복 사용(예: 철수<u>만이</u>, 철수<u>에게만</u>)이 문제시될 수도 있다. 그러나 그러한 현상의 존재로 인해서 격 허가 기제들의 위상이 흔들리는 것은 아니다. 외견상의 잉여적 기제 사용은 격 허가의 차원을 뛰어넘는 문제이다. 예컨대, 위의 예에서 보조사가 의존격이나 어휘격 표지와 동시에 출현한 것은, 그것이 격 허가 기능 외에도 '제한'이라는 의미 첨가 기능을 갖기 때문이다. 따라서 이러한 외견상의 격 허가 기제의 중복 사용은 격 허가 기제의 무질서한 남발이 아니라 문법의 또 다른 요구에서 비롯된 것이다.

강어휘론자 가설(Strong Lexicalist Hypothesis)의 채택으로 인해서 생기는 문제와, 도출의 최적성 가설에서의 문제가 그것이다.

첫 번째 문제와 관련하여 강명윤(1999)는 다음과 같은 "우연적인 격"의 예를 들면서, 한국어의 이러한 격 퍼짐(Case spread) 현상은 GB에서는 별 문제가 아니지만 MP의 격 점검이론에서는 설명하기가 부담스럽거나 설명이 아예 불가능한 측면이 있음을 지적하였다.

(18) 가. $^?$철수가 그 책을 <u>빨리를</u> 읽는다.
　　　나. $^?$철수가 밥을 <u>많이를</u> 먹는다.
　　　　　　　　　　　　　　　-강명윤(1999: 701, 703)

MP에서는 강어휘론자 가설을 채택하기 때문에 부사구에서 보이는 이러한 우연적인 대격조차 통사부 진입 초기(배번집합)에서부터 명사구에 이미 실현되어 있는 것으로 간주한다. 그리고 그것이 올바른 것인가를 점검하기 위해 반드시 이동(Movement)이라는 기제(그것이 가시적인 범주 이동이든 비가시적인 자질 이동이든 간에)가 동원되어야 한다. 그러나 이것은 설명력이 약하다. 먼저, MP의 이러한 설명은 왜 부사구가 대격을 가지는가라는 근본적인 물음에 대해 아무런 대답을 해 주지 못한다. 또한, 이론의 경제성에서 문제가 있다. 즉, MP에서는 그러한 우연적인 격의 처리에서조차 "이동이라는 별도의 조작"을 동원해야 하지만 GB에서는 별도의 통사적 조작을 동원함 없이 다만 타동사 VP 내부라는 구조·의미적 조건 하에서의 격 퍼짐이라 설명할 수 있다. 이는 곧 우연적인 격의 발생 원인에 대한 해명이기도 하다.[39] 결국 우연적인 격이라는 격 허가의 국면에서 MP의 강어휘론자 가설(배번집합의 설정)과 그에 따른 격 점검이론은 궁벽한 설명력을 드러낼 수밖에 없다.[40]

　두 번째로 살펴볼 문제는 방금 논의한 첫 번째 문제와 맞물려 있다.

　　(19) 가. 철수가 영어를 <u>공부를</u> 하였다.
　　　　　나. 철수가 영어를 <u>공부는</u> 하였다.
　　　　　다. 철수가 영어를 <u>공부하</u>였다.

(19가, 나, 다)는 동일 환경에서 '공부'라는 동일 명사구에 '자립격 할당, 보조사 첨가, 명사포함'이라는 세 가지 격 허가 기제들이 수의적으로 선택될 수 있음을 보여준다. 그러나 MP가 가정하는 도출의 최적성 가설에 따르면 최적의 도출은 다른 도출들을 막기 때문에 경쟁관계에 있는 (19)의 세 가지 경우들 중 예컨대, (19가)가 선택된다면 (19나)와 (19다)는 도출될 수

---

39) 물론 이러한 격 퍼짐이 아무렇게나 발생할 수 있는 것은 아니다. 이와 관련된 제약 양상은 강명윤(1999: 702)를 참고하기 바란다.

40) MP가 취하는 강어휘론자 가설의 문제점은 이미 동사 굴절과 관련해서도 제기된 바 있다. 예컨대, 윤정미(1996)은 한국어 대등접속 구문을 통해 동사의 강굴절 가설이 한국어에 그대로 적용되기 힘들다는 것을 논증하였다. 한편, 김의수(1999나)에서도 MP의 가정을 대폭적으로 수용한다고 해도 최소한, 어휘부와 통사부 간의 접합면(Interface)에서 작동하는 논항-술어 연결 원리 설정을 통해서라도 격 선정의 타당한 절차가 명시되어야 함을 주장한 바 있다.

없게 된다. 하지만 위의 세 경우들은 모두 다 가능한 문장들이다. 이때 만일 배번집합을 상정한다면 이 세 가지 격 허가 방식은 통사부에서 경쟁을 하지 않게 되어 문제가 해결되는 것처럼 보인다. 그러나 앞서 지적한 대로 배번집합의 설정(강어휘론자 가설)은 중대한 결점을 가지고 있다. 따라서 (19)는 MP의 경제성 비교 가설에 심각한 문제를 제기하는 것으로 보인다.

그러나 GB에서는 수의성(optionality)을 원칙적으로 허용하기 때문에 이러한 문제가 발생하지 않는다. 따라서 격 문제와 관련된 이와 같은 측면만을 놓고 볼 때, 격 할당의 이론이 격 점검의 이론보다 좀더 타당한 접근방식이라 사료된다.[41]

5. 결론

이상으로 격 여과의 성격과 한국어의 격 허가 기제, 그리고 그것이 보편문법 이론 구성에 시사하는 바를 간략히 고찰해 보았다.

격 여과는 가시성 조건과 같은 의미역 이론에 기반을 둔 기제로 환원이 불가능하며, 한국어에서 그러한 격 여과를 회피할 수 있는 방법에는 '명사포합, 보조사 첨가, 어휘격 허가, 의존

---

41) Chomsky(1995)로 대표되는 점검이론은 Chomsky(1998, 1999)에 와서는 일치이론으로 변모한다. 이때 주목할 만한 것은 일치이론에서는 격이 통사부 내에서 결정된다고 하는 점이다. 이는 오히려 GB로 회귀한 듯한 모습이다. 본고에서 논의한 격 허가 기제들이 일치이론에서 어떻게 재해석될지 자못 궁금하다.

격 허가, 자립격 허가' 등이 있다. 이들의 특성을 5가지 기준 (형상 의존성, 형태 부착성, 통사 조작성, 의미역 관련성, 격 허가자의 유무)에 비추어 본 결과, 한국어의 격 허가 기제들이 '형태 첨가'와 '통사 조작'의 두 부류로 대별되며, 교착어답게 한국어가 형태 부착에 의한 격 허가 기제들을 다수 보유하고 있음을 알 수 있었다. 이 기제들의 자체적 특성과 보편문법의 원리는 명사구로 하여금 주어진 환경에서 적절한 격 허가 방식을 선택하도록 만든다. 그런데 한국어에는 때때로 동일한 상황에서 동일 명사구에 복수의 격 허가 기제들이 허용되기도 하며 격 퍼짐(우연적 격) 현상 또한 존재한다. 이러한 사실은 격 할당이론에서는 자연스럽게 설명되지만 격 점검이론에서는 큰 부담이 된다.

한국어 격 문제의 올바른 구명을 위해서는 한국어의 격 허가 기제들에 관한 근본적이고도 포괄적인 연구가 병행되어야 한다. 이는 현대국어를 대상으로 한 연구에서뿐만 아니라 국어사의 연구에서도 마찬가지이다. 아울러 한국어에 관한 이 분야의 연구 성과는 개별언어의 특징 기술에만 머물 것이 아니라 보편문법의 이론 구성에도 기여해야 할 것이다. 이러한 문제들과 본고에서 미처 다루지 못한 격 허가의 다른 문제들에 관해서는 이후의 지속적인 연구를 통해 밝혀 나갈 것이다.[42]

---

[42] 한국어에 왜 이렇게 다양한 격 허가 기제들이 공존하는가 하는 문제는 중요하면서도 매우 어려운 것이다. 이러한 근본적인 문제를 해결하기 위해서는 국어사 연구뿐만 아니라 다른 언어와의 비교 연구도 함께 이루어져야 할 것이다.

3. 객관적인 문법(연구의 자료)

문법 연구가 어떠한 목표와 어떠한 이론 틀에 의해 진행되든 간에 그것이 뿌리박고 서 있는 것은 구체적인 언어자료이다. 언어자료를 구체적으로 검토하면서 언어체계의 작동 원리와 그것의 개별성과 보편성을 터득하게 된다. 그런데 언어자료 선정이 그리 단순한 일만은 아니다. 언어자료마다 성격이 다르고 그에 따라 추출 방식도 다르기 때문이다. 언어자료의 선택은 문법 연구의 태도와도 결부되어 있다. 이 장에서는 이질적인 언어자료들의 성격과, 합리적인 문법 연구를 위한 언어자료의 선택 문제를 고찰한다.

■ 주관적인 직관에서 객관화된 직관으로

문법 연구의 흐름은 대체로 전통문법과 기술문법, 그리고 생성문법의 시기로 나뉜다. 먼저 전통문법 시기의 문법은 규범문법 혹은 처방문법이었다. 그것은 사람들에게 읽고 쓰는 법을 가르쳐 주기 위한 교본이었다. 기술문법 시기에는 언어 자체가 관심의 대상이었다. 문법이 교육의 수단에서 과학적인 연구의 대상으로 인식되기 시작했다. 생성문법의 시기에는 언어를 인간의 종적 특성 가운데 하나라고 여긴다. 문법은 심리학적 · 생물학적 실재로서 마음과 뇌에 표상되어 있다고 가정된다.

언어가 과학적인 연구 대상으로 떠오른 이후 특히 언어자료에 대한 관심이 커졌다. 북아메리카 인디언 언어들을 연구하면서 사람들은 오로지 귀에 들리는 생생한 음성 행렬에만 의존해야 했다. 이러한 경험은 곧 모어로까지 확대되어 연구자들은 모어에 대한 자신의 판단을 중지하고 철저하게 발화된 자료에 의지하여 연구를 수행해야 한다고 믿었다.

그런데 이렇게 발화되거나 기록된 언어자료는 오로지 문법적인 문장들만을 제공해 준다. 그러나 생성문법에서는 진정한 문법이란, 옳은 문장이 왜 옳고 틀린 문장이 왜 틀린지를 명시할 수 있는 것이어야 한다고 지적하면서, 문법적인 문장과 비문법적인 문장을 모두 얻기 위해서는 직관에 의존할 수밖에 없다고 말한다.

직관에 기대는 것이 매력적으로 보이는 까닭은, 우선 그것이 어떤 특별한 장치나 노력을 필요로 하지 않는다는 점이다. 그때그때마다 필요한 자료를 머릿속에서 끄집어내기만 하면 될 뿐이다. 더욱이 직관은 언어능력과 매우 밀접한 관계에 놓여 있는 것처럼 보인다. 모어 화자는 그 문장이 왜 맞는지 혹은 왜 틀린지를 잘 설명할 수는 없어도 주어진 문장의 문법성을 순식간에 판단해 낼 수 있다. 이것은 직관의 배후에 언어능력이 있다고 가정하지 않고서는 이해하기 힘든 현상이다.

발화된 문장뿐만 아니라 발화될 수 없는 문장까지도 알려주는 직관은 1950년대 중반 이후 현재까지 가장 중요한 언어자료의 공급원으로 자리매김해 왔다. 그러나 최근 말뭉치(corpus) 언어학이 등장하면서 그 아성이 도전을 받고 있다.

컴퓨터의 급속한 발달로 인해 언어학 분야에서 대규모 언어자료의 구축과 그에 대한 검색이 가능해졌다. 그로 인해 말뭉치 중심의 연구는 기존의 직관 중심의 문법 연구를 지양하고 좀더 객관적인 연구 태도를 지향한다.

말뭉치 언어학의 관점에서 직관은 매우 주관적이고 가변적인 것처럼 보인다. 화자마다 직관에 차이가 있기도 하여 동일한 문장이 어떤 논문에서는 문법적인 것으로, 다른 논문에서는 비문법적인 것으로 다뤄지기도 한다. 심지어는 한 사람이 시간의 차이를 두고 동일한 문장에 대한 상이한 문법성 판단을 내리기도 한다. 연구자마다 직관이 다를 수 있다면 그것은 직관이 그만큼 객관성으로부터 거리가 멂을 의미하며 결국 그로 인해 직관에 의한 언어자료는 과학으로서의 문법 연구에 적합하지 않다는 결론에 이를 수 있다.

이상이 말뭉치 중심의 시각에서 바라본 직관의 문제들이다. 그렇다면 과연 말뭉치는 이러한 문제들로부터 자유로운가? 결론부터 말하면 그렇지 않다. 말뭉치 역시 직관에 대해 지적한 문제들을 피해 갈 수가 없다.

앞서 언급한 바와 같이, 직관은 주관적이고 가변적인 것처럼 보인다. 이를 풀어 말하면 사람마다 직관이 다를 수가 있고, 한 사람에게서도 시간의 흐름에 따라 동일한 문장에 대한 상이한 판단이 나올 수 있다. 그럼 이제 이러한 점들을 말뭉치에 관해서도 따져 보자.

먼저 첫 번째 문제, 즉 한 논문에서는 문법적이라고 소개되는 문장이 다른 논문에서는 비문법적인 문장으로 논의되는 경우를 보자. 말뭉치 언어학에서라면 두 논문이 동일한 말뭉치를 사용했을 것이고 그랬다면 자료에서의 불일치는 나타나지 않을 것이라고 예상하기 쉽다. 그러나 애초부터 완벽한 말뭉치란 존재하지 않는다. 존재하는 것은 특정한 장르에 속한 것이거나 한정된 양의 말뭉치에 불과하다. 과거에 나온 모든 자료를 축적한다는 것도 불가능하고, 앞으로 발화되거나 기록될 자료는 현재 시점에서 예측할 수도 없다. 따라서 연구자마다 다른 종류의 말뭉치를 사용할 확률이 크고, 만일 그랬다면 두 연구자는 다른 결론에 도달하기가 쉽다. 만일 두 연구자가 동일한 말뭉치를 이용한다면 어떻게 될까? 그래도 문제는 여전하다. 분명히 그들이 손대지 못한 다른 종류의 말뭉치가 어딘가 더 있을 것이므로 그들의 연구는 결국 자료의 일부만을 참조해서 이루어진 것일 뿐이다.

다음으로 두 번째 문제, 즉 한 사람에게서도 시간의 흐름에 따라 동일한 문장에 대한 상이한 직관이 나올 수 있다는 점은 말뭉치 중심의 연구에서는 어떨까? 이것은 가령 동시대의 말뭉치가 그 장르나 분야에 따라 특정한 언어자료를 보이거나 보이지 않는 문제와 연결된다. 단적으로, 동일한 작가의 작품들에서조차 특정한 구문이 그의 어떤 소설에서는 나타나고 다른 소설에서는 나타나지 않을 수 있다.

  더 나아가 말뭉치만 가지고서는 어떤 문장이 비문법적인 문장인지를 알아낼 방도가 없다. 발화된 자료 혹은 문헌에 나타나지 않았다고 해서 그러한 문장이나 구문이 비문법적인 것이라고 단정할 수는 없다. 우연히 나타나지 않았을 수가 있기 때문이다. 또한 우리가 과거와 현재, 미래의 모든 자료를 지금 다 알고 있지는 못하기에 이러한 질문에 대해서 말뭉치는 함구할 수밖에 없다. 이는 직관을 배제한 기술문법의 언어자료가 가지는 한계와 꼭 같다.

  그렇다면 말뭉치가 언어자료로서 가지는 위상은 무엇인가? 다시 말해, 그것이 문법 연구에 기여할 수 있는 바는 무엇인가?

  말뭉치는 여러 사람의 발화나 글을 담고 있다. 따라서 그것에는 사실상 여러 사람들의 직관이 뒤섞여 나타나고 있다고 볼 수 있다. 그런 점에서 그것은 한 개인의 직관과는 구별될 뿐만 아니라, 많은 경우 어떤 한 사람의 직관이 쉽게 미치지 못하는 영역에까지 닿아 있을 수 있다. 가령, 한 사람이 어떤 문법 현상에 대해 일정한 시간 동안 탐색해 낼 수 있는 정보의 양과 종류에는 한계가 있기 마련이다. 그러나 말뭉치는 여러 사람의 직관을 한데 가지고 있으므로 적절히 검색만 한다면 그 속에서 개인이 미처 생각해 내지 못했던 언어자료를 발견해 낼 수 있을 것이다. 그리고 이것이야말로 말뭉치가 가진 진가가 아닌가 생각된다.

  개인의 직관을 '주관적인 직관'이라 부르고, 여기에 말뭉치가 제공하는 다른 여러 사람들의 직관들까지 가미된 것을 '객관화된 직관'으로 구별하여 불러 보자. '객관화된 직관'은 '주관적인 직관'과 말뭉치의 한계를 극복한 것으로, 비문법적인 자료와 함께, 문법적인 자료 가운데 개인의 차원에서 쉽게 발견할 수 없는 경우들까지도 폭넓게 제공해 준다는 점에서 언어자료 제공의 중요한 새 공급원으로 삼을 만하다.

이제 이러한 관점에서 구체적인 사례 하나를 살펴보기로 한다. 그것은 말뭉치를 통해 드러난 어근의 분포 제약에 관한 것이다.

말뭉치를 통해 객관화된 직관이 제공해 주는 언어자료 덕분에 우리는 단어 형성을 위한 결합 과정에서 어근의 분포를 통제하는 의미론적 제약이 존재함을 밝혀 낼 수 있었다. 이러한 결과는 특히 개인 차원의 직관 수준에서는 예측하기가 거의 불가능하다. 말뭉치가 보여주는 자료를 검토해 봄으로써 주관적 직관의 손이 미치지 못하는 범위의 언어자료까지를 폭넓게 고찰할 수가 있는 것이다.

■ 말뭉치에 나타난 어근의 분포와 제약 *

1. 개요

1.1 문제 제기와 연구 목적

본고는 말뭉치를 이용하여 어근 분포의 실제적 양상을 고찰하는 데 그 목적이 있다.

어근에 관해서는 그동안 적지 않은 논의가 있어 왔지만 대부분의 논의는 사전을 참고하거나 연구자의 직관에 의존하는 경향이 강했다. 그렇다 보니, 한두 개의 반례만으로 기존의 어떤 주장을 무력화시킬 수 있다는 생각 또한 팽배해 왔던 것도 사실이다.

그러나 언어는 끊임없이 변화하는 존재이므로 어떠한 언어단위가 항구적으로 단일하고도 획일적인 양상만을 보일 것이라고 쉽게 예측하거나 단정 지을 수는 없다. 사전 역시 언어단위가 가지는 역동적인 통시태 가운데 어느 한 측면만을 부각

---

* 이 글의 일부는 고려대 민족문화연구원 전자텍스트연구소의 제2회 코퍼스언어학 연구발표회 및 중점연구소 제3과제 연구실 워크숍(2004. 2. 20, 고려대 민족문화연구원(한국학관) B203호)에서 처음 발표되었다. 토론 과정을 통해 다듬어진 원고는 공저의 형식으로 「코퍼스와 어휘 데이터베이스」(도서출판 월인, 2004. 10. 15, 119-134)에 실린다. 저자가 이 글을 기획하고 작성하는 가운데 연구소 동료들이 자료 분석에 도움을 주었다. 이 글을 통해 독자가, 객관화된 직관이 문법 연구에 얼마나 효과적으로 기여할 수 있는가를 엿볼 수 있기를 바란다. 물론 '어근의 분포 제약'이라는 주제 자체에 관심을 두고 읽을 수도 있을 것이다.

시킬 수밖에 없다는 근본적인 한계를 가지기 때문에 사전만을 참고하여 언어단위를 논의한다는 것에도 아쉬움이 따른다.

이에 본고에서는 현대국어 말뭉치를 이용하여 어근이 보이는 실제적인 양상에 접근해 보고자 한다. 실제 자료에서 드러나는 어근의 다양한 양상을 가감 없이 보여 주면서도 특정 어근의 지배적인 분포적 속성을 정의할 수 있음을 논의한다. 이러한 접근 방식은, 언어단위의 확정적인 모습을 기술하는 것보다는 그것의 대체적 경향을 기술하는 것이 오히려 언어에 대한 실제적이고도 과학적인 연구라는 점을 전제한다.

1.2 연구 대상과 방법론, 자료

본고의 핵심 논제는 어근의 분포 구명이다. 본고는 이를 위해, 어근과 결합관계를 가지는 인접한 언어단위들의 의미 부류를 조사해 보았다. 그것은, 아마도 어근이 그것과 결합할 수 있는 언어단위에 대해 어떠한 결합 제약을 가질 것이며, 그러한 결합 제약은 어근 자체의 특성상 형태·통사적 결합 제약보다는 의미적 선택제약일 것이라는 가정에 의거했다.

과연 특정 어근이 특정한 의미 부류의 단어들과 결합할 것인가 하는 것은 쉽게 예측할 수 없는 문제였다. 그런데 말뭉치를 통한 귀납적 연구에서 특정 어근이 유표적인 의미적 제약을 가지고 결합관계를 형성한다는 사실을 확인할 수 있었다. 이는 곧 어근의 분포적 속성을 그것과 결합하는 언어단위들이 공유하는 의미 부류, 혹은 의미 자질로 명시할 수 있음을 뜻한다. 본고는 몇 개의 어근(명사성 불구 어근)만을 다루고 있지만 이것만으로도, 어근의 분포적 속성을 명시할 수 있는 유용한 방법론을 충분히 제시할 수 있다고 본다.[1]

이와 같은 연구를 위해 본고는, '21세기 세종계획'의 일환으로 2000년에 구축되어 2001년에 공개·배부된 '연구·교육용 균형 말뭉치' 1,000만 어절(원시 말뭉치[2])을 대상 말뭉치로 삼았다. 이러한 자료에서 특정 어근과 그것이 결합된 언어단위들을 추출해 낼 수 있는 프로그램을 만들어 원시 말뭉치 파일로부터 특정 어근이 포함된 합성어를 추출하였다. 그리고 추출된 합성어들에서 그것을 구성하는 언어단위들의 결합 제약을 특정 어근을 중심으로 하여 기술하였다. 이를 통해 특정 어근이 가지는 의미제약을 귀납하여 제시하고자 한다.

2. 어근의 유형

2.1 어근의 개념

어근의 분포를 살피기 전에 먼저 간략히 언급해야 할 것은 어근의 정의와 그 분류에 관한 것이다. 어근은, 단어와 달리

---

1) 방금 밝힌 것처럼 본고는 어근 분포 연구의 방법론 제시가 주목적이다. 그러나 본래의 전체 계획은 특정 어근의 결합관계뿐만 아니라 계열관계까지도 살펴보는 것이었다. 후자의 연구는 전자와 짝을 이루어 어근의 분포 기술에서 중심축을 형성하게 될 것이다. 이 문제는 추후의 연구를 통해 보완하고자 한다.
2) '원시 말뭉치'라 함은 형태나 통사, 의미 정보 주석이 첨가되지 않은 것으로서, 문단이나 서지 사항만을 간략히 붙여 준 말뭉치를 의미한다.

자립성이 부족하거나 거의 없는 언어단위로서 '한 단어에서
실질적인 의미를 담당하는 단어의 중심부'로 간주되어 왔다.
이와 같은 생각은 소위 어근에 대한 광의의 개념이다. 반면,
어근을 협소하게 정의하기도 한다. 그것은 대체로 다음 (1)과
같다.

> (1) 어느 경우나 굴절접사(어미)와 직접 결합될 수 없으며 동시
> 에 자립형식도 아닌 단어의 중심부. −이익섭(1975)

(1)의 정의 역시 어근이 단어의 의미적 중심부라고 인정하지만
자립성이 없음을 지적하고 있다. 이러한 정의는 어근에 관한
광의의 정의보다 좀더 명확하다는 점에서 선호된다. 따라서 본
고에서는 협의의 어근 개념 하에서 어근의 종류와 분포를 살
피고자 한다.

2.2 어근의 종류

2.2.1 어근 분류의 기준

어근에 관한 논의는 적지 않거니와 그에 대한 많은 분류 방
식이 존재한다. 본고에서는 이와 관련된 선행 연구들을 일일이
언급하지 않은 채 몇 가지 특성을 기준으로 상식적인 차원에
서 어근을 분류해 보고자 한다. 본고가 요구하는 수준에서는,
어근의 분류 그 자체보다도 어근의 분포적 특성을 보여주는
것이 더욱 중요하고 시급한 일이기 때문이다.

어근은 먼저 그 계통을 따져 '고유어계 어근'과 '한자어계 어근'으로 대별할 수 있다.3) 그리고 결합 범주에 따라 단일한 범주와 결합할 수 있는 유형과 여러 가지 범주와 어울릴 수 있는 부류로 구별할 수 있다. 전자를 '분화 어근'으로, 후자를 '미분화 어근'으로 부르기로 한다. 예컨대, '거대'와 같은 어근은 '거대하다'와 같이 용언을 형성할 수 있는 동시에, '거대 자본'과 같이 명사성 범주와도 어울릴 수 있다. 한편, '간이'와 같은 어근은 오로지 '간이 화장실, *간이하다'와 같이 명사성 범주와만 결합한다. 반면에, '총명'이나 '신선'은 '총명하다, *총명인; 신선하다, *신선생선'에서 보듯이 형용사성 범주만을 형성할 수 있다. 명사 범주를 형성할 수 있는 어근을 '명사성 어근'으로 동사 범주를 형성할 수 있는 어근을 '동사성 어근' 등으로 부른다면, '거대'와 같은 어근은 '명사성 어근'과 '동사성 어근'의 속성을 모두 갖춘 반면, '간이'는 '명사성 어근'의 용법만을, '총명'은 '형용사성 어근'의 용법만을 지닌다. 이에 체언과 용언 모두를 구성할 수 있는 어근을 본고에서는 '미분화 어근'으로, 단일 품사만을 구성할 수 있는 어근은 '분화 어근'으로 잠정적으로 분류해 보고자 한다. 이러한 두 가지 기준 외에도 결합되는 위치에 따라 어근을 분류할 수 있다. 즉, 좌측으로만 결합할 수 있는 유형과 우측으로만 결합할 수 있는 유형, 그리고 이 모두가 가능한 유형, 마지막으로 반드시 좌우에 다른 언

---

3) 물론, 이 밖에도 고유어계도 아니면서 한자어계도 아닌 부류를 생각해 볼 수 있다. 그러나 여기에서는 어근 분류에 관해 미시적인 세부 문제를 거론하지 않기로 한다.

어단위들이 와야 하는 경우 등으로 유형화할 수 있다. 첫 번째 유형부터 차례로 '1부류', '2부류', '3부류', 그리고 '4부류'로 불러 보자.

2.2.2 기준에 따른 어근 분류

이상의 논의를 정리하면 다음과 같다.

(2) 어근의 유형
    가. 계통에 따른 분류: 고유어계 어근 / 한자어계 어근
    나. 단일 품사 연결성 여부: 미분화 어근 / 분화 어근
    다. 결합 위치에 따른 유형[4]:
        a. 1부류 어근: $R+X$:   예) 간이
        b. 2부류 어근: $X+R$:   예) 사범
        c. 3부류 어근: $X+R$ or $R+X$:   예) 근로
        d. 4부류 어근[5]: $X+R+X$

그리고 이를 계층화하여 표현하면 다음과 같다.

(3) 가.   어근
          /   \
    고유어계~   한자어계~

---

4) 여기서 'R'은 '어근'을, 'X'는 그것과 결합하는 다른 언어단위를 의미한다.
5) 이러한 유형에 속하는 어근을 발견하기는 쉽지 않아 보인다. 그러나 그러한 유형 설정의 논리적 가능성만큼은 배제할 수 없을 듯하다.

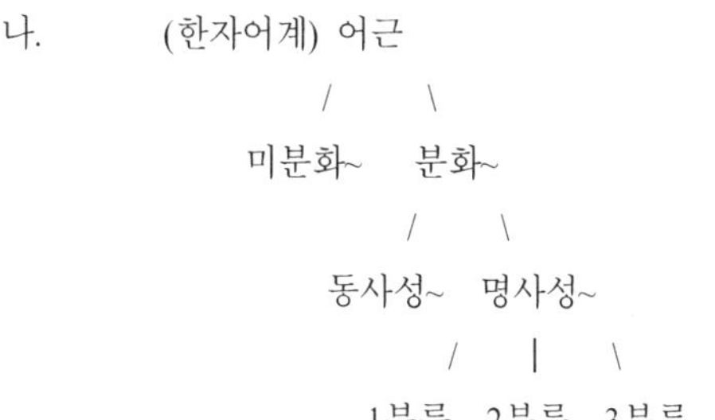

본고에서는 이와 같은 어근의 유형들 가운데 다음의 기준에 부합하는 어근들만을 우선적으로 고려해 보고자 한다.[6]

(4) 한자어계 어근 > 분화 어근 > 명사성 어근

이러한 기준을 충족시키는 것 가운데 {1부류}로서 '간이(簡易)'를, {2부류}로서 '사범(事犯)'을, 그리고 {3부류}로서 '근로(勤勞)'를 검토하고자 한다.

3. 명사성 어근의 분포

명사성 어근의 분포에서 고려해야 할 요인들에는 기본적으로 다음 세 가지 사항이 있다.

---

6) 이러한 목록 선택은, 무엇보다도 그동안 동사성 어근들이 활발히 검토된 반면, 명사성 어근의 분포에 대한 정밀한 연구는 상대적으로 소홀했다는 판단 때문이다. 어근의 제 유형에 대한 포괄적인 연구는 추후의 지속적인 연구를 통해서 수행할 것이다.

(5) 가. 형태 정보: 결합되는 단어들의 형태적 속성
　　 나. 통사 정보: 결합되는 단어들의 통사적 특성
　　 다. 의미 정보: 결합되는 단어들의 의미적 특성

본고의 논의 대상이 어근인 만큼, (5)의 (가)와 (나)는 상대적으로 그리 유용하지 않다. 왜냐하면, 어근은 그 속성상 단어 형성에만 국한되는 것이므로 제한된 형태적 분포를 가질 수밖에 없고, 단어 외부와의 접촉이 원칙적으로는 차단되므로 통사 정보 또한 별다른 기능을 할 수 없다. 그러나 이후에 보게 될 것처럼, 대체로 어근으로 간주할 만한 것도 통사적 쓰임을 전혀 가지지 않는 것이 아니므로 통사 정보는 부분적으로 어근의 실제 모습을 기술하는 데에 기여하기도 한다.

　한편, 형태·통사 정보와 달리 의미 정보는 단어 형성에서 유의미한 정보로 인식된다. 분석 단위가 형태 단위이든 통사 단위이든, 결합되는 요소끼리의 의미 결합관계를 따져 보는 일이 가능하기 때문이다. 그리고 실제로 의미 정보가 어근과 다른 언어단위들과의 결합관계에서 유용한 결합 제약 정보로 작용하고 있음을 확인할 수 있었다.

　이제 이상의 논의를 바탕으로 명사성 어근의 분포와 특성을 살펴보기로 한다. 먼저 명사성 어근 가운데 '1부류 어근'으로서 '간이'를 살피고, '2부류 어근'으로서는 '사범'을, '3부류 어근'으로서는 '근로'를 검토한다.

3.1 {1부류 어근}의 분포와 특성

어근 '간이(簡易)'는7) 다른 언어단위의 좌측에 결합하는 '1부류 어근'이다. 1천만 어절을 검토한 결과, '간이'는 총 110회 출현했고 50개 유형으로 정리된다. 그것과 결합하는 어휘들의 의미적 특성은 다음과 같다.

(6) [간이]와 결합하는 어휘의 의미 부류

	type(총 50개)	token(110개)
기능, 구체, 장소	25 (50%)	78개 (70.91%)
기능, 구체, 도구	17 (34%)	21개 (19.09%)
기능, 추상, 일	6 (12%)	9개 (8.18%)
기능, 추상, 도구	2 (4%)	2개 (1.82%)

위에서 확인되는 의미적 특성은 '간이'와 결합하는 어휘들이 모두 '기능성'을 지닌다는 점이다. 그러한 공통분모 위에서 결합어들은 '구체'와 '추상'으로 구분되고 '구체'는 다시 '장소'와 '도구'로, '추상'은 '일'과 '도구'로 세분된다. 결국, '간이'는 '기능성'을 지닌 '장소'나 '도구'와 매우 긴밀한 결합관계를 가진다고 할 수 있다. 다음은 그 구체적인 사례를 보인 것이다.

---

7) '간이(簡易)'의 사전적인 의미는, "간단하고 편리함. 물건의 내용, 형식이나 시설 따위를 줄이거나 간편하게 하여 이용하기 쉽게 한 상태"이다.-「표준국어대사전」

(7) [간이]와 결합하는 어휘의 의미 부류별 목록

　　가. 기능, 구체, 장소

　　　역(19), 식당(11), 병사(9), 음식점(6), 매점(2), 술집(2), 비행장(2), 건물(2), 화장실(2), 학교(2), 변소(2), 마루(1), 무선국(1), 선착장(1), 실험장(1), 여관(1), 역사(1), 오수정화처리장(1), 주방(1), 취사장(1), 휴게실(1), 휴식소(1), 체육시설(1), 비디오 대여소(1), 쓰레기 적환장(1)

　　나. 기능, 구체, 도구

　　　의자(3), 무전기(2), 신단(2), 당구대(1), 명함(1), 배(1), 세숫대야(1), 싸리울타리(1), 음식(1), 책상(1), 침대(1), 퇴비(1), 복(1), 서랍장(1), 식탁(1), 휴대전화(1), 밴드(1)

　　다. 기능, 추상, 일

　　　공판절차(4), 보수(1), 조사(1), 표결(1), 식사(1), 인도·점유개정(1)

　　라. 기능, 추상, 도구

　　　관세(1), 보험(1)

3.2 {2부류 어근}의 분포와 특성

어근 '사범(事犯)'은 다른 언어단위의 우측에 결합하는 '2부류 어근'이다. 1천만 어절을 검토한 결과, '사범'은 180회 출현했고 55개 유형으로 정리된다. 그것과 결합하는 어휘들의 의미적 특성은 다음과 같다.

(8) [사범]과 결합하는 어휘의 의미 부류

	type(총 55개)	token(총 180개)
부정적 행태	21 (38%)	34 (19%)
대상 · 분야	20 (36%)	118 (65%)
구체적 수단	7 (13%)	16 (9%)
정도	3 (6%)	3 (2%)
기타	4 (7%)	9 (5%)

　어휘의 의미 설정 기준에 대한 간략한 부연 설명이 필요할 듯하다. 먼저 '부정적 행태'라 함은 '사범'[8)의 내용에 해당하는 의미이다. 가령, '공무집행방해 사범'이라 했을 때, '공무집행방해'는 '사범'의 구체적인 내용이 된다. 다음으로 '대상·분야'란, 사범이 이루어지는 영역을 의미한다.[9) 즉, '선거 사범'이라 했을 때, '선거'는 '사범'이 발생하게 된 영역을 의미한다. 한편, '구체적 수단'은 무엇을 가지고 사범을 저질렀나 하는 것이다.[10) 따라서 '마약 사범'이라는 예에서 '마약'은 수단이나 도구의 의미를 지닌다. 그리고 이상의 기준에 의거하여 귀납된 결과를 볼 때, '사범'은 '부정적 행태'와 '대상·분야', 그리고 '구체적 수단'이 될 만한 어휘들과 주로 결합한다는 것을 알 수 있다. 이제 이와 같은 결합을 보이는 실제 어휘를 들면 다음과 같다.

---

8) '사범(事犯)'의 사전적 의미는 "법적인 처벌을 받을 만한 행위"이다.-「표준국어대사전」
9) 이를 가려내기 위해 '~에(에서) 해악을 끼치다'라는 말이 가능한 지를 살펴보았다.
10) 테스트 기제로서 '~를 가지고'가 가능한 지를 살펴보았다.

(9) [사범]과 결합되는 어휘의 의미 부류별 목록
　　가. 부정적 행태
　　　부패(6), 위반(4), 도피(3), 침해(2), 환각(2), 흡입(2), 공무
　　　집행방해(1), 과소비(1), 교란(1), 도박(1), 방화(1), 성범죄
　　　(1), 성폭력(1), 소매치기(1), 안보저해(1), 안전위해(1), 오
　　　염(1), 재산도피(1), 절도(1), 좌익용공(1), 폭력(1)
　　나. 대상·분야
　　　선거(59), 시국(31), 공안(12), 경제(10), 관련(4), 환경(4),
　　　교통(2), 군(2), 반국가(2), 정치(2), 노동(1), 대선(1), 반기
　　　초질서(1), 반정부(1), 사상공안(1), 선거법(1), 신용카드
　　　(1), 질서(1), 학생(1), 형사(1)
　　다. 구체적 수단
　　　마약(9), 대마(2), 마약류(1), 금품(1), 대마초(1), 외환(1),
　　　상표(1)
　　라. 정도
　　　강력(1), 경범(1), 징벌(1)

　한편, 위와 같은 일반화에 포섭되기 힘든 예들이 존재한다.
그것은 (8)에서 '기타' 항목으로 설정한 것인데, 그 실례는 다
음과 같다.

(10) 가. 경미한 사범(1), 벌금형이 신설된 사범(1)
　　　나. 사범단속 실적(1), 사범단죄(1)

(10가)의 예들은 '사범'이 통사적인 구를 이루는 경우이며, (10
나)는 그것이 {1부류 어근}처럼 행동하는 예들이다. 만일 (10
가)를 중시한다면 '사범'을 어근의 범주에서 제외하는 것도 고

려해 볼 만한 일이다. 또한 (10나)를 근거로 하여 '사범'은 {2부류 어근}이 아니라 {3부류 어근}에 속한다고 주장할 수도 있을 것이다. 그러나 (10가, 나)는 '사범'의 일반적인 속성을 기술하는 데에 영향을 줄 정도의 빈도나 위상을 가지지 못한다. 이들은 다만 역동적인 언어 사용의 단면을 여실히 보여주는 자료로 이해할 만하다.

3.3 {3부류 어근}의 분포와 특성

어근 '근로(勤勞)'[11]는 다른 언어단위의 좌측이나 우측에 결합하는 '3부류 어근'이다. 1천만 어절을 검토한 결과, '근로'는 197회 출현했고 47개 유형으로 정리된다. 그것과 결합하는 어휘들의 의미적 특성은 다음과 같다.

(11) [근로]와 결합하는 어휘의 의미 부류

　　　가. '근로 + x'

	type(총 35개)	token(총 173개)
주체	10 (35%)	58 (34%)
결과물	5 (17%)	21 (12%)
배경	5 (17%)	40 (23%)
서술성 명사	5 (17%)	11 (6%)
향도	4 (14%)	43 (25%)

---

11) 그 뜻풀이는 '부지런히 일함'이다.-「표준국어대사전」

나. 'x + 근로'

	type(총 12개)	token(총 24개)
행태	4 (33%)	11 (46%)
시간/배경	4 (33%)	8 (33%)
통사적 행태	4 (33%)	5 (21%)

위 표에 대한 간략한 부연이 필요하다. 먼저 (11가)는 '근로'에 후행하는 어휘 의미의 유형을 정리한 것인데, '근로'가 서술성이 강한 어근인 만큼 그것이 가지는 사건구조에 관여하는 '주체'나 '배경', 그리고 그러한 행위로 인해 산출되는 '결과물'이 주요 결합 의미로 나타난다. 뿐만 아니라 '근로'를 이끄는 요인으로서의 '향도' 개념이 설정될 수 있으며, 다른 '서술성 명사'와 결합하여 '근로'를 대상으로 한 또 다른 행위의 의미를 도출한다.

한편, (11나)는 '근로'에 선행하는 부류를 정리한 것이다. '근로'에 선행하는 어휘들은 '근로'의 구체적 '행태'를 나타내어 주는 것이거나 '근로'가 이루어지는 '시간이나 배경'을 지시하는 것들이 주를 이룬다. 또한 '사범'의 예에서와 같이 '근로'가 통사적인 행태를 보이는 사례들이 보이기도 한다. 그러나 이러한 예는 '근로'가 결합하는 사례 중 유형별로는 9.7%이고 토큰별로는 2.5%에 불과하므로 '근로'를 어근이 아닌 일반 자립명사로 간주하도록 만드는 데에는 역부족이라고 생각한다. 이제 (11)에 정리된 어휘 결합 양상의 구체적인 예들을 보이면 다음과 같다.

(12) [근로]와 결합되는 어휘의 의미 부류별 목록
　(ⅰ) '근로 + x'
　　가. 주체
　　　청소년(24), 대중(11), 정신대(10), 여성(4), 계층(3), 형제
　　　(2), 인민(1), 人力(1), 단체(1), 보국대(1)
　　나. 결과물
　　　소득세(8), 소득(9), 소득층(1), 수당(2), 성적(1)
　　다. 배경
　　　조건(22), 복지(4), 시간(12), 여건(1), 현장(1)
　　라. 서술성 명사
　　　감독(6), 동원(2), 지원(1), 생활(1), 봉사(1)
　　마. 향도
　　　기준법(26), 의욕(11), 정신(4), 동기(2)

　(ⅱ) 'x + 근로'
　　가. 행태
　　　변형(5), 파견(4), 정상(1), 집중(1)
　　나. 시간/배경
　　　시간제(4), 주당(2), 야간(1), 주40시간(1)
　　다. 통사적 행태를 보이는 사례
　　　근로의 대가(2), 44시간의 근로(1), 장시간 노동의 근로
　　　(1), 검약과 근로(1)

　이 예들에서 한 가지 짚고 넘어가야 할 것은, '사범'에서와
마찬가지로 '근로'에 있어서도 (ⅱ다)에서처럼 통사적인 구
형성이 눈에 띈다는 점이다. 이를 근거로 '근로'가 어근이 아
닌 단어라고 주장할 수도 있겠지만, 본고에서는 이를 역동적
인 언어변화의 한 측면으로 생각하고자 한다. 즉, '근로'가 본

래 어근적 성격을 주로 가지고 있지만 경우에 따라서는 '자립명사'의 용법도 극히 일부 가지고 있다고 보는 것이다. 시간의 흐름에 따라 이러한 쓰임이 더욱 확대되어 '근로'가 아예 자립명사로 굳어질 수도 있겠으나, 현재로서는 '근로'의 공시태적 위상을 '어근'으로 설정하는 것이 진실에 좀더 가까울 것이다.

4. 결론 및 남은 문제

이상으로 본고에서는 어근의 분포를 그 의미론적 제약을 통해서 살펴보았다. 이를 위해 1천만 어절에 달하는 현대국어 말뭉치를 활용하여 '간이, 사범, 근로'와 같은 특정 어근이 포함된 자료를 추출하였고, 그 결합 양상을 살폈다. 그 결과, 개개의 어근은 일정한 의미론적 결합 제약을 가지고 선행어 혹은 후행어와 결합하는 것을 확인했다. 이는 개인의 직관에 의존해서는 얻기 힘든 결과이다.

본고의 이러한 논의는 어근 자체의 어휘적 속성에 대한 실증적 연구라는 점에서 의의를 가진다. 즉, 분포의 관점에서 어근의 어휘적 속성을 실제 말뭉치를 통해 명시한 연구라는 점에서 중요한 의미를 가진다. 뿐만 아니라, 이러한 연구는 복합어와 다의어 처리에서 유용하게 활용될 수 있다. 즉, 어근의 분포적 속성에 대한 이와 같은 연구는 어근 자체의 결합 제약으

로서뿐만 아니라 복합어 형성에서의 결합 제약 논의로도 확대
될 수 있다. 그리고 어떤 어근이 다의적인 쓰임을 가질 경우
그러한 다의적인 쓰임을, 그 어근이 다른 어휘들과 결합할 때
에 가지는 의미론적 결합 제약으로 명시해 줄 수 있을 것이다.

한편, 우리의 연구는 아직 몇 가지 해결해야 할 점들을 가진
다. 그 하나는, 결합되는 단어들의 의미부류를 더욱 명세화·체
계화하는 작업이다. 이를 위해 다른 곳에서 연구해 온 의미부
류 체계를 적용해 보는 작업이 필요하다. 세종계획의 일환으로
구축된 전자사전의 의미 정보를 활용할 수도 있고, 미국이나
유럽에서 연구해 온 워드넷(word net)의 대역어 검색을 통해
의미 부류를 추정하여 이용할 수 있다. 한편, 본 연구에서 논의
된 '간이, 사범, 근로'는 그들과 유사한 의미를 갖는 것으로 생
각되는 어휘들, 예컨대 '임시, 범죄, 노동'과 그 의미론적 결합
제약을 비교해 볼 만하다. 이러한 연구 결과, 만약 유의어들 간
에 비슷한 의미적 결합 제약이 도처에서 발견된다면 의미적
결합 제약을 기준으로 어근들의 자연부류를 구성해 볼 수도
있을 것이다. 이와 같은 작업을 통하여 궁극적으로 어근들의
목록화와 세부 분류를 정밀화할 수 있을 것이다.

Ⅲ. 연구 결과의 해석

4. 교차적인 문법(이론의 차원)

5. 비단선적 문법(단위의 차원)

4. 교차적인 문법(이론의 차원)

앞서 제Ⅱ부에서는, 어떤 특정한 문법 현상이 발견될 때 우선 그것의 배후에 있는 원리가 무엇인지를 캐내는 과정에서 생각할 수 있는 문법 연구 방법론을 고찰했다. 이제, 그렇게 해서 캐낸 원리가 그 자체로서가 아닌 문법의 더 큰 차원에서는 어떻게 해석될 수 있는지, 즉 문법의 전체적인 이론 체계 내에서 그것이 갖는 위상이 무엇인지를 음미하는 단계가 남아 있다. 이것은 다시 이론의 차원과 단위의 차원으로 나뉜다. 본 장에서는 먼저 이론의 차원에서 연구 결과를 해석하는 측면을 논의하기로 한다.

▧ 단일부문적 차원에서 교차부문적 차원으로

기호는 형식과 내용으로 구성된다. 가령, '연기'와 같은 것도 하나의 기호로 볼 수 있다. 즉, 연기의 '검거나 뿌연 기체'는 그것의 형식에 해당한다. 사람들은 연기가 피어오르는 것을 보고 그곳에서 '불이 났다'고 생각한다. 그것은 연기가 말해 주는 바, 즉 그것의 내용에 해당한다. 정리하면, '연기'는 '검거나 뿌연 기체'라는 형식과 '불이 났음'이라는 내용이 결합된 하나의 기호이다.

언어도 기호에 속한다. 그리고 그것 역시 제 나름의 형식과 내용을 지닌다. 언어학은 이렇게 기호로서의 언어가 가진 특징을 밝히는 학문이다. 따라서 언어학의 연구 영역들은 언어의 형식과 내용을 따라 구획되게 마련이다.

흔히 언어의 내용은 의미이고 그 형식은 음성이라고 말한다. 이때의 음성은 일차적으로 사람의 입에서 나오는 소리를 뜻하지만 궁극적으로 모든 언어 형식을 대표한다. 즉, 그것은 'ㄷ'과 같은 '자음'이나 'ㅓ'와 같은 '모음', 혹은 그에 얹혀 발음되는 '강세'나 '성조', 그리고 그들이 모여 만든 '더'와 같은 '음절'을 다 포함할 뿐만 아니라 '덧-'[1]과 같이 의미를 가진 가장 작은 단위인 형태소'나 형태소들의 결합인 '덧신'과 같은 '단어', 더 나아가 '덧신을 신었다'와 같은 '구' 단위나 '철수가 덧신을 신었다'와 같은 '문장' 단위까지도 아우른다. 물론 문장들이 모여 이루어진 '이야기'도 음성의 연쇄, 즉 언어 형식이기는 마찬가지이다.

언어학의 하위 분야들은 이러한 언어 형식들 가운데 일부를 자신의 연구 영역으로 삼는다. 예컨대 음운론은 분절음이나 초분절음과 같이 그 자체로서는 어떠한 의미도 갖지 못하지만 의미를 변별해 줄 수 있는 언어단위들을 취급한다. 형태론부터는 의미를 가진 언어 형식들을 취급한다. 그것은 의미를 가진

---

1) '거듭된' 또는 '겹쳐 신거나 입는'의 뜻을 가진 접두사.

가장 작은 단위인 형태소와, 거기에 자립성이라는 조건을 하나 더 가진 단어를 연구 대상으로 한다. 통사론은 단어가 모여 만들어진 구나 문장을, 화용론은 문장이 모여 이루어진 이야기를 연구 영역으로 삼는다.

한편, 언어의 내용, 즉 의미에 초점을 둔 하위 분야도 있다. 의미론이 그러하다. 그것은 형태소의 의미, 단어의 의미, 구의 의미, 문장의 의미, 이야기의 의미 등을 다룬다.

요컨대, 언어학의 제 분야들은 언어의 형식인 음성이나 내용인 의미 중 일부를 자신의 독자적인 연구 영역으로 삼고 있다. 그리고 그러한 의미에서 그들을 언어의 형식과 내용에 대한 이론들이라 부를 수 있다.

언어 이론은 언어를 구성하는 요소와 그 요소들 간의 관계를 명시하는 규칙들로 구성된다. 아울러 요소들이 규칙들에 의해 결합되는 장소, 즉 부문(component)이 함께 고려된다. 일례로, 형태론은 단어를 구성하고 있는 형태소들의 목록과, 그들이 모여 단어를 형성하는 규칙으로 이루어져 있다. 또한 형태소가 저장되어 있고 단어가 만들어지는 부문이 있는데 이를 어휘부(Lexicon)라고 한다. 따라서 형태론은 '형태 요소'와 '형태 규칙', '형태 부문(=형태부)'을 주된 논의 대상으로 삼는다. 마찬가지의 이야기가 음운론이나 통사론, 화용론, 의미론에서도 가능하다. 즉, 음운론은 '음운 요소'와 '음운 규칙', '음운 부문(=음운부)'을, 통사론은 '통사 요소'와 '통사 규칙', '통사 부문(=통사부)'을, 화용론은 '화용 요소'와 '화용 규칙', '화용 부문(=화용부)'을, 마지막으로 의미론은 '의미 요소'와 '의미 규칙', '의미 부문(=의미부)'을 주된 논의 대상으로 한다.

이렇듯 제 언어 이론들은 각자의 독자적인 요소와 규칙, 부문에 대해 탐구해 왔으며, 특히 각자의 영역에서 해당 규칙들을 있는 대로 모두 찾아내려 하는 한편, 다시 그 규칙들을 간소화하기 위해 노력해 왔다.

일례로, 거의 반세기 가깝게 통사론을 주도해 온 생성문법에서는 문법의 세 가지 평가 척도2)를 언급하면서 규칙의 개별성과 보편성이라는 모순된 관점을 어떻게 효과적으로 통합할 수 있는지를 고민해 왔다. 그 결과 그것은 원리와 매개변수라는 개념을 내놓게 된다. 즉, 생성문법이 추구하는 문법은 언어들 간의 공통적인 속성뿐만 아니라 언어마다 서로 다른 특성들을 모두 명시할 수 있어야 하는데, 전자는 문법 원리로, 후자는 문법 원리에 딸린 매개변수로 포착할 수 있다는 제안이다.

80년대 초에 원리와 매개변수 이론이 등장할 수 있었던 것은 그동안 축적해 온 풍성한 규칙들 덕분이었다. 그것은 주로 영어에 대한 관찰 결과였으며 생성문법 이전의 전통문법이나 기술문법의 연구 결과에 힘입은 바 크다.

여하튼 이렇게 풍성하게 쌓아 올린 규칙들은 몇 가지 '원리'들로 다시 간소화되게 된다. 원리는 규칙의 규칙이라 할 수 있다. 그것은 세세하고 복잡해 보이는 개개 규칙들을 관통하는 상위의 규칙인 셈이다. 세부적인 규칙들을 일반화하면 원리가 추출된다. 즉, 원리란 일반화된 규칙이다. 80년대 초반에 등장한 지배·결속이론은 대략 7개의 이론과 3개의 원리로 구성된

---

2) 관찰적 타당성, 기술적 타당성, 설명적 타당성

문법 원리의 체계를 제안하고 있다.3)

이러한 노력이 지속적으로 이루어진 결과 90년대 후반에는 문법의 제 원리를 경제성(economy)이라는 단 하나의 원리로 통합하고자 하는 시도가 등장한다. 이른바 최소주의 프로그램 (the Minimalist program)이 등장한 것이다. 그것은 90년대 말부터 지금까지, 이미 축적되어 있는 규칙이나 원리들을 다시 경제성의 관점에서 재해석해 오고 있다.

이상 통사론의 차원에서 규칙의 간소화, 일반화가 어떻게 이루어져 왔는가를 살펴보았다. 그런데 이러한 흐름은 통사부 (syntactic component)라는 단일부문 내에서의 일이다. 그렇다면 이때 가져 볼 수 있는 질문은, 단일부문 내에서뿐만 아니라 교차부문적 차원에서도 원리들 간의 일반화가 가능하지는 않을까 하는 것이다. 이는 부문을 달리하는 원리들을 간소화하여 궁극적으로 언어학의 제 분야를 통괄하는 거대 이론(Grand Theory)을 이끌어 내는 것이 가능한가 하는 물음과 같다.

만일 가능하기만 하다면 이러한 거대 이론의 출현은 매우 바람직해 보인다. 비록 언어학의 제 분야마다 취급하는 언어 요소들이 같지 않고 그에 따라 요소들 간의 관계를 명시하는 규칙들이 다를 수밖에 없어 보일지라도, 궁극적으로는 그것들이 언어의 형식과 내용에 대한 것이라는 점에서 어떤 공통의 원리가 추출될 가능성도 배제할 수 없어 보인다.

---

3) 7가지 하위 이론에는 '엑스바 이론, 의미역 이론, 격 이론, 지배 이론, 한계 이론, 결속 이론, 통제 이론'이 있으며, 3가지 원리에는 '투사원리, 완전해석 원리, 허가의 원리'가 있다.

이제 이러한 관점에서 구체적인 사례 하나를 살펴보기로 한다. 그것은 여타조건(Elsewhere Condition)에 관한 것이다.

여타조건은 애초에 음운론에서 출발하여 형태론으로까지 파급된 개념이지만 자세히 들여다보면 그것은 음운론과 형태론에서뿐만 아니라 통사론이나 의미론, 화용론에서까지 관찰된다. 그것은 놀랍게도 언어학의 모든 분야에서 작동하고 있는 것이다. 이것이 다만 우연일까? 아마도 그렇지 않을 것이다. 여타조건은 언어학의 거대 이론을 구성하는 첫 번째 원리가 될지도 모른다.

문법 연구는 문법 현상에 대한 명시적인 규칙화를 요구해 왔지만 동시에 지속적인 규칙들의 일반화 작업을 통해서 거대 이론의 구성에 이바지할 수 있어야 한다. 이제 단일부문을 뛰어넘어 교차부문적인 차원에서 공통의 원리를 치밀하고 체계적으로 모색하는 메타 이론적인 작업이 필요하다.

■ 여타조건과 언어의 공모성 *

1. 규칙의 기능적 단일성 혹은 언어의 공모성

통상, 여러 개의 규칙을 하나로 줄이려면 주어진 규칙들에 분명한 '구조상의 유사점'이 있어야만 한다고 생각해 왔다. 일례로, 아래의 두 음운 규칙 (1)과 (2)는 구조상의 공통점을 가지므로 (3)으로 통합될 수 있다고 보는 식이다.

(1) $\emptyset \rightarrow V / C \_\_ C\#$
(2) $\emptyset \rightarrow V / C \_\_ CC$
(3) $\emptyset \rightarrow V / C \_\_ C \begin{bmatrix} \# \\ C \end{bmatrix}$

그러나 규칙의 축약이 반드시 구조상의 유사성에만 기초하는 것은 아니다. 일례로, Kisseberth(1970)는 위와 같은 구조적인 유사성에 의한 규칙들의 통합 외에도 '기능상의 유사성'에 의한 규칙 축약도 함께 고려해야 한다고 주장하였다.(전상범, 1980: 243-4). 예컨대, 아래 (4)에 보인 Yawelmani어의 음운규

---

* 이 글의 초고는 한국언어정보학회 2002년 학술대회(2002. 6. 21, 경북대 우당 교육관)에서 발표되었다. 토론 과정을 거치면서 다듬어진 원고는 「국어 연구와 의미 정보」(도서출판 월인, 2005. 7. 11, 267-282)에 실리게 된다. 여기서는 이 책의 맥락에 맞도록 다시 글을 수정하여 올린다. 이 글을 통해 독자가, 여타조건이 언어학의 제 분야에 두루 작용하고 있음을 확인하고 그럼으로써 단일부문을 넘어 교차부문적인 차원에서 이론을 해석하는 것이 필요하다는 점을 공감할 수 있기를 바란다.

칙들은 모두 (5)와 같은 자음의 결합을 막는 기능상의 공통성
을 가진다.

(4) 가. $\begin{bmatrix} V \\ -long \end{bmatrix} \rightarrow \emptyset \ / \ VC \ \_\_ \ CV$

　　나. $V \rightarrow \emptyset \ / \ V+C \ \_\_ \ \#]V$

　　다. $\emptyset \rightarrow V \ / \ C \ \_\_ \ C \begin{bmatrix} \# \\ C \end{bmatrix}$

　　라. $C \rightarrow \emptyset \ / \ CC+ \ \_\_$

　　마. $C \rightarrow \emptyset \ / \ C+ \ \_\_ \ C$

(5) 가. * #CC

　　나. * CC#

　　다. * CCC

즉, (4)에 열거된 5개의 규칙들은 외형상으로(구조적으로)는 모
양새가 다르지만, (5)와 같은 자음의 결합을 막는다는 목적을
위해 공모하고 있는 것이다.

　이처럼 둘 이상의 규칙이 구조기술은 서로 다를지라도 상호
협력하여 하나의 현상을 지향할 때, 이들 규칙들 사이에 존재하
는 기능적 단일성(functional unitary)을 언어의 공모성(linguistic
conspiracy)이라고 한다.(조성식, 1990: 261).

　지금까지 살펴본 것은 하나의 문법 부문(component) 즉, 음
운부 내에서 발견되는 공모성이다. 그런데 이렇게 단일 부문
내에서뿐만 아니라 여러 부문들에 두루 걸쳐 존재하는 공모성
을 발견할 수 있다. 본고에서는 그러한 공모성의 실체를 실증

적으로 고찰하고 그것이 언어 이론의 기술에 시사해 주는 바가 무엇인지를 논의하고자 한다. 이때 저자가 관심을 갖는 것은 음운론에서 처음 거론된 '여타조건(Elsewhere Condition)'이다. 이것은 음운론에서뿐만 아니라 형태론, 통사론, 의미론, 화용론의 전 영역에서 두루 관찰된다는 점에서 매우 흥미롭다.

2. 언어의 제 부문과 여타조건

2.1 음운론과 여타조건

영어의 동사에서 최후의 음절이 이완모음(lax vowel)인 것과 많아야 한 개의 자음으로 끝나는 것(예: édit, cóvet, devélop 등)은 음운규칙 (6)에 의해 주강세가 부여되고, 그 밖의 모든 경우에는 규칙 (7)이 적용되어 주강세가 결정된다.

(6) V $\rightarrow$ [1stress] / __C0VC01#
(7) V $\rightarrow$ [1stress] / __C0#
(8) V $\rightarrow$ [1stress] / __C0(VC01)#

이러한 관찰은 이미 Chomsky & Halle(1968)의 *SPE*에서 행해진 바 있는데, 그들은 (6)과 (7)의 관계를 (8)과 같이 괄호를 사용하여 '이접적 순서(disjunctive ordering)'라는 개념으로 기술한 바 있다.[1)]

이에 대해 Kiparsky(1973: 94)는 이접적 순서를 구성하는 두 규칙은 사실상 '일반/특수 관계'에 있으며 이는 다음과 같이 형식화된다고 주장했다.

> (9) Elsewhere condition:
>
> Two adjacent rules of the form
>
> A → B / P __ Q
>
> C → D / R __ S
>
> are disjunctive ordered if and only if:
>
> (가) the set of strings that fit PAQ is a subset of the strings that fit RCS, and
>
> (나) the structural changes of the two rules are either identical or incompatible

그리고 (9)를 만족시키는 두 규칙 가운데 더욱 특수한 (즉, 정해 놓은 것이 더욱 많은) 것이 먼저 적용되고, 그 밖의 경우에 한해서 더욱 일반적인 것이 적용된다는 것이다.(강명윤 역, 1998: 241). 따라서 영어의 주강세 규칙인 (6)과 (7) 가운데 (6)이 (7)보다 더욱 특수한 규칙이기 때문에 (6)에 우선권이 주어지며, (6)이 적용되지 않는 다른 경우에만 (7)이 적용된다고 할 수 있는 것이다.

---

1) 예컨대, X(Y)Z는 XYZ와 XZ를 묶어서 나타낸 형식인데, 소괄호로 표기한 경우 XYZ와 XZ는 이접적 순서를 이룬다. 이렇게 이접적 순서를 이룰 경우 소괄호 부분을 포함하는 규칙이 적용되면, 그 부분을 제외한 규칙은 적용되지 않으며, 후자는 전자가 적용되지 않는 경우에만 적용이 가능하다. Chomsky & Halle(1968); 조성식(1990: 255) 참조.

결국, Kiparsky(1973)의 여타조건이 말해 주고 있는 바는 '특수 규칙'을 먼저 적용하고 특수규칙이 적용될 수 없는 '여타의 경우'에 한해서 '일반 규칙'을 적용하라는 것이다. 이는 보다 제한적인 규칙이 보다 일반적인 규칙에 대해 우선권을 지니도록 보장해 주는 것이다.(김진형, 1996: 1015).

이러한 여타조건은 음운규칙들이 이접적으로 순서매김되었을 경우의 조건으로 제안된 것으로서, 괄호를 사용하여 이접적 순서를 구명하려고 한 *SPE*의 설명에 대한 대안으로 제시되었다.2)

2.2 형태론과 여타조건

어떤 어휘항목의 존재로 인하여 다른 어휘항목이 출현하지 않는 것을 저지현상(blocking)이라고 일컫는다.(Aronoff, 1976: 43). 예컨대, cattle이나 people은 그 자체가 이미 복수형으로서 또다시 이들 단어에 복수 어미가 첨가된 *cattles와 *peoples는 출현할 수 없게 된다.

이러한 저지현상 역시 Kiparsky(1982)는 여타조건을 통해 설명하고 있다. 즉, 어휘부에는 어휘확인규칙(lexical identity rule)3)과 (10)과 같은 규칙적인 복수 어미 첨가규칙이 있다.

---

2) 즉, Kiparsky(1973)는 괄호인 ( )나 < >로 간추릴 수 있는 경우에도 이접적 순서를 가정할 수 없는 경우와, ( )나 < >로 간추려지지 않더라도 이접적 순서를 가정하지 않으면 안 되는 경우가 있음을 논의하며 여타조건의 타당성 및 독립성을 주장하였다.
3) 이 규칙은 모든 어휘항목을 하나의 규칙으로 간주한다는 것인데, 비유컨대

(10) Ø → /z/ / [X __]$_{Noun}$ + Plural

cattle과 people은 각각 어휘부에 '[cattle]$_{Noun}$ + Plural'과 '[people]$_{Noun}$ + Plural'로 등재되어 있다. 이들은 어휘확인규칙에 의해 그 자체로 서 (10)을 적정 포괄(proper inclusion)하고 있음이 확인된다. 그런데 어휘확인규칙은 어휘항목을 하나의 규칙으로 보며 하나의 어휘항 목은 정의상 단 하나의 어휘에만 적용되기 때문에 그것은 존재하는 것 가운데 가장 특수한 종류의 규칙이 된다.(Spencer, 1991: 169). 따라서 어휘확인규칙과 (10)의 규칙적인 복수어미 첨가 규칙이 맞설 경우 여타조건에 의해 어휘확인규칙이 우선권을 갖게 되어 cattle과 people에 규칙 (10)이 적용되지 않아 *cattles나 *peoples와 같은 형태는 출현하지 않게 된다.

결국, 형태론의 저지현상에 있어 여타조건은 어휘확인규칙 과 함께 핵심적인 역할을 수행한다. 여기서도 여타조건은 특수 한 규칙과 일반적인 규칙이 경쟁할 경우 좀 더 특수한 규칙이 좀더 일반적인 규칙의 적용을 봉쇄할 수 있도록 보장해 주고 있다.

2.3 통사론과 여타조건

우선 도출의 과정에 있는 다음의 사례들을 살펴보자.

창고에서 하나의 물건을 꺼내 올 경우 책임자에게 출고증을 받는 과정과 같은 것이다. 비록 어휘항목에는 아무런 변화가 일어나지는 않지만 어휘부 조작이 어휘항목의 자질명세를 확인해 줄 수 있도록 해 주는 규칙이다. 전상 범(1995: 221) 참조.

(11) 가. [IP seems that [IP John is nice]]

　　 나. [IP John$_i$ seems that [IP t$_i$ is nice]]

　　　　　　　　　　　　-Collins(2001: 57)에서 인용

위 사례는 내포문에 기저생성된 주어 John이 모문의 주어 위치로 이동하는 도출을 담은 것인데, 도출의 결과 "*John seems that is nice"와 같은 비문이 만들어진다. 따라서 문법은 이러한 도출을 허용하지 않도록 기술되어야 한다. 이에 Collins(2001:57)는 다음과 같은 원리를 제안한다.

(12) If it is possible for an operation to apply, then it must apply.

이는 소위 ASAP(As soon as possible) 원리라고 일컬어지는데,4) (11가)에서 John의 격 자질은 내포문의 Infl과의 격 점검 관계에 돌입하였을 때 즉시 점검되어야 한다는 것이다. 만약 이를 어기고 점검되지 않고 기다리고 있다가 (11나)에서처럼 모문에서 그 격이 점검된다면 그것은 비문을 초래한다.

이러한 원리는 일면 Chomsky(1993)가 제안한 '지연원리 (Procrastinate)'와 상충되는 듯한 면모를 지닌다. 즉, 가급적 조작(operation)을 뒤로 미루라는 것이 지연원리의 기본 정신이라고 한다면, ASAP는 조작이 적용될 수 있는 그때 즉시 조작을 적용하라는 것이기 때문이다. 이는 도출의 합치를 위해서는 지연원리를 위반할 수 있다는 Chomsky(1995)의 최후수단(last

---

4) 이는 Chomsky(1999: 12)가 제안한 극대화 원리(Maximize matching effects)와 흡사하다.

resort) 원리의 기본 정신과도 일치한다.

ASAP 원리가 지연원리에 우선한다는 사실은 통사부에서도 여타조건이 작용하고 있음을 단적으로 보여준다. 다시 말해, 도출의 어떤 단계에서 어떠한 조작 α가 적용되는 것은, 적용되지 않는 것보다 특수한(유표적인) 경우이며 전자의 결과는 후자의 결과를 적정 포괄한다. 따라서 문법이 이를 요구한다면 그것은 곧 통사부에서도 여타조건의 요구가 준수된다는 증거가 된다. 즉, ASAP 원리와 지연원리가 맞설 경우 여타조건은 전자에게 우선권을 보장해 준다고 말할 수 있다.5)

2.4 의미론과 여타조건

Gruber(1973)는 부시맨 언어의 일종인 ‡Hóã어의 친족 어휘에 관한 어휘의미론적 연구이다. 이 논의는 대상 언어의 친족 어휘들이 가진 의미 자질을 분석하고 그러한 의미 자질들 간의 계층을 (13)과 같이 제시한다(p.440).6)

---

5) 이와 같은 설명은 통사부에서 최후수단 원리가 존재하는 것에 대한 근본적인 이유를 제공해 주는 것으로 보인다. 즉, 최후수단(원리)은 통사부에서의 여타조건으로 재해석될 수 있어 보인다.

6) 의미 자질 수형도에서 '「 ㄱ」'로 되어 있는 자질들과 ( )로 되어 있는 자질들의 위상이 다름에 주의해야 한다. 전자는 필수적인 자질이고 후자는 수의적인 자질이다. 이는 다음에 친족 용어 어휘화에서의 이접적 원리의 설명에서 중요하게 원용된다. 자세한 설명은 Gruber(1973: 438-440)를 참조하기 바란다.

(13)

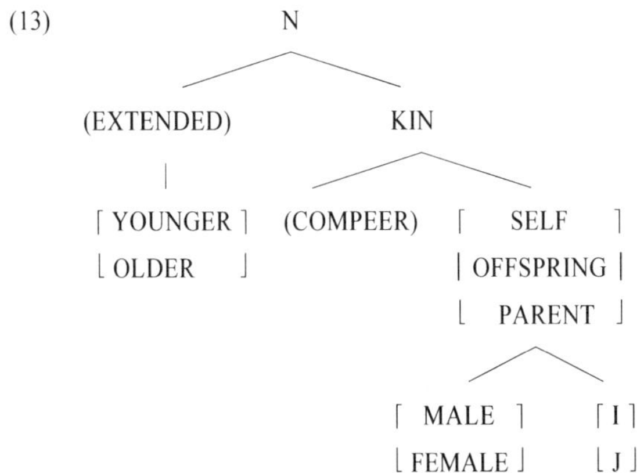

이 의미 자질 수형도는 대상 언어의 친족 어휘들 간의 의미적 상관성을 잘 보여준다. Gruber(1973)는 이를 통해 친족 개념의 어휘화(lexicalization)에서 일종의 이접 원리(disjunctive principle or ordering)가 작용하고 있음을 밝혀내었다. 즉, 임의의 의미 자질군이 하나의 어휘로 실현될 때 "상대적으로 일반적인 어휘항목의 적용은 상대적으로 특수한 어휘항목의 적용에 의해 항상 차단된다"는 것이다.(Gruber, 1973: 438). 그가 제시한 친족 어휘 간의 이접적인 어휘 쌍의 일부를 보이면 다음과 같다.(Gruber, 1973: 441).

(14) Disjunction Sets

    čù : kyxóõ : kyxàna : čù-≠gào

(14)에서 왼쪽에 있는 어휘항목들은 오른쪽에 있는 어휘항목

들에 의해 이접적으로 한계지어지고 있다. 예컨대, čù는 '아버지'나 '상대적 연령이 명세화되지 않은 아버지의 사촌들(šǐ–m' zǎle: cross-cusin)'을 모두 가리킬 수 있다. 이때 두 경우 각각의 의미 자질 수형도를 보이면 (15가), (15나)와 같다.

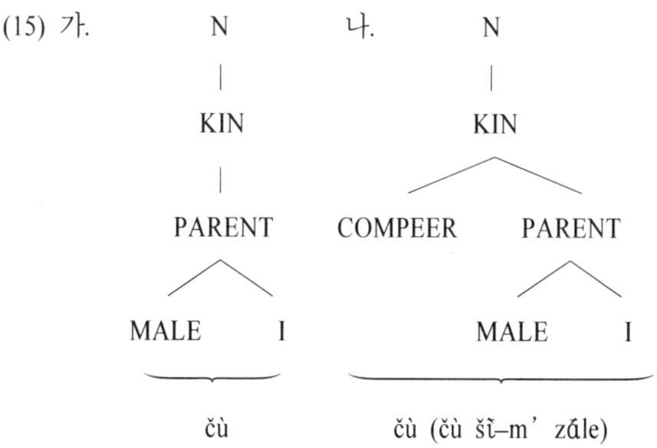

그러나 '아버지'의 형제, 즉 '아버지의 아우, 아버지의 형, 아버지의 여동생, 아버지의 누나'를 가리킬 때에는 각각 'čù–≠ gào, kyxàna, kyxóõ, kyxóõ'와 같이 다른 개별 어휘들을 사용해야 한다. 다시 말해, čù는 이 경우에 아버지 형제들의 개념들 낱낱을 어휘화하는 데에는 사용되지 못한다.

Gruber(1973)는 이러한 어휘화의 차이점의 원인을 각각의 친족 개념들이 가진 의미자질 집합의 포함관계와 이접 원리에서 찾는다. 예컨대, čù가 '아버지'나 '상대적 연령이 명세화되지 않은 아버지의 사촌들(šǐ–m' zǎle: cross- cusin)'을 모두 어휘화할 수 있는 이유는 (15가)가 (15나)를 적정 포괄하기 때문이다. 이때 'COMPEER'라는 의미 자질은 수의적인 자질이므로 무시된다. 반면 예컨대, čù가 kyxàna 대신 사용될 수 없는 이유는, 아래 (15다)에서의 'OLDER'라는 자질은 필수적인 자질이기에 무시될 수 없고 따라서 (15가)는 (15다)를 적정포괄할 수 없게 되기 때문이다.

(15) 다.

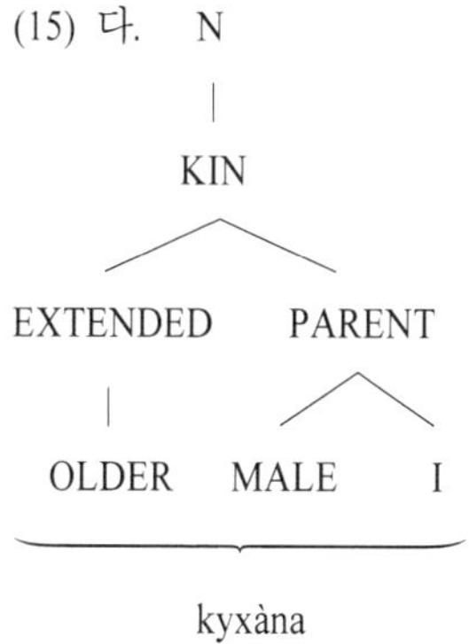

요컨대, 친족 개념을 나타내는 의미 자질의 집합 (15가)와 (15다)는 이접적 관계에 놓이며, 전자는 후자를 적정 포괄할 수 없으므로 전자를 구현하는 기본 어휘 čù가 후자를 구현하기 위해서는 사용될 수 없고 후자의 개념을 어휘화하는 데에 별도의 독립된 어휘 kyxàna가 도입된다는 것이다.

이를 통해 우리는 의미의 어휘화, 즉 어휘의미론의 측면에서도 여타조건이 개입하고 있음을 확인할 수 있다. 이제 마지막으로 화용론에서 관찰되는 여타조건의 모습을 논의하기로 한다.

2.5 화용론과 여타조건

Searle의 적정 조건(felicity)과 Grice(1975)의 대화 격률(conversational maxims)은 화용론의 주요 개념이다. 특히 후자의 이론은 협동원칙(cooperative principle)이라는 일반원칙을 토대로 다시 '양(quanty), 질(quality), 관련성(relation), 양태(manner)' 등의 세부 격률로 분류된다.

Horn(1984: 12-13)은 이러한 세분화된 대화 격률이 결국은 대체로 다음과 같이 크게 두 가지 원리로 압축될 수 있다고 보았다.

> (16) 가. The Q-Principle (Hearer-Oriented):
> Make your contribution sufficient;
> Say as much as you can: i.e. Do not provide a statement that is informationally weaker than your knowledge of the world allows, bearing the maxim of Quality and R-principle in mind.
> 나. The R-Principle (Speaker-Oriented):
> Make your contribution necessary;
> Say no more than you must: i.e. Produce the minimal linguistic information sufficient to achieve your communication ends, bearing the Q-principle in mind.

그리고 Horn(1984: 22)은 이 두 원리의 상관관계를 다음과 같이 피력하였다.

(17) The Division of Pragmatic Labor

    가. The R-principle induce a stereotype interpretation: The unmarked expression E tends to become associated (by use or -- through conventionalization -- by message) with unmarked situation s, representing a stereotype or salient member of the extension of E / E'

    나. The marked alternative E' Q-implicates the complement of s with respect to the original extension of E / E'.

한편, Levinson(1987: 409)은 이 두 원리에 있어 (17나)가 (17가)에 우선한다고 보았다. 즉, 동일 대상에 Q-원리가 먼저 적용이 되어야 하며, 그렇지 못할 경우 R-원리가 적용되어야 한다고 하였다.[7]

여기에서 주목해야 할 점은, R-원리와 Q-원리가 양립불가능하다는 것과, R-원리에 비해 Q-원리가 보다 특수한 해석을 유도하는 원리이며, 후자가 전자에 우선하여 적용된다는 것이다. Levinson(1987)의 주장이 옳은 것이라면, 보다 특수한 해석을 유도하는 Q-원리가 그렇지 않은 R-원리에 우선해야 하므로 이는 결국 여타조건의 기본 정신과 부합한다고 할 수 있다.[8] 관련

---

7) 그는 Q-원리와 R-원리(그의 체계에서는 I-원리) 외에도 M(anner)-원리를 추가하여 논의하고 있다.

8) 엄격히 말해 Q-원리와 R-원리 간에는 (9가)가 준수되지 않는 것으로 보인다. 그러나 여타조건의 기본 개념이 양립불가능한 두 규칙 간에 일반/특수 관계가 형성될 경우 특수한 규칙(혹은 원리)이 우선권을 갖는다는 것이라면, Q-원리와 R-원리 역시 여타조건의 논의 내에 포섭될 수 있다고 생각한다. 이럴 경우 우리는 여타조건을 세분화하여 (9)와 같이 '(9가)∧(9나)'로 정의되는 것을 '협의의 여타조건'으로, '(9가)∨(9나)'로 완화된 것을 '광의의 여타조건'으로 구별해 볼 수 있다. Q-원리와 R-원리는 후자의 관점에서

된 사례를 살펴봄으로써 이에 대한 이해를 도모해 보기로 한다.

(18) I'm meeting a woman tonight. -Mey(1993: 78)

이상의 논의대로라면 먼저 Q-원리가 적용되어 (18)에서의 'a woman'은 'I'의 부인은 결코 아닌 것으로 해석된다. Mey(1993: 79)의 지적대로, (18)의 발화에 대한 청자의 화답은 대체로 'Oh? who is she?'가 될 것이므로 이 해석은 옳은 것으로 판명된다.

한편, 다음의 예는 (18)과 구문은 비슷하지만 양상이 정반대이다.

(19) I cut a finger yesterday. -Mey(1993: 78)

앞의 예와 마찬가지로 먼저 Q-원리가 적용되면 (19)에서 'a finger'는 'I'의 것이 되지 못한다. 왜냐하면 'I cut my finger yesterday'와 같은 대당 표현이 존재하기 때문이다. 좀더 자세히 나타낼 수 있는 또 다른 표현이 있음에도 불구하고 (19)에서처럼 부정관사 'a'를 사용한 것은 분명 'I'가 아닌 '타인'의 손가락을 가리키고자 한 것이라는 해석이 Q-원리에 의한 (19)의 해석이다. 그러나 이와 같은 해석은 Mey(1993: 79)의 지적대로 (19)에 대한 청자의 화답이 보통 'That's too bad'와 같이 나타날 것임에 비추어 볼 때에 이상한 해석인 것으로 판명된

고려될 수 있다.

다. 이 경우엔 Q-원리가 적용될 수 없고 R-원리가 적용되어야 하는 것이다. 그렇다면 이 경우엔 무슨 이유로 Q-원리가 배제되고 대신 R-원리가 선택되는가?

Q-원리에 의한 (19)의 해석은 '내가 다른 사람의 손가락을 어제 잘랐다'와 같은 것이다. 반면 R-원리에 의한 (19)의 해석은 '나는 어제 손가락이 잘렸다'와 같은 것이다. 그런데 전자의 해석이 전혀 불가능한 것은 아니다. Mey(1993: 79)나 김선희(1993: 30)가 이미 지적한 대로 'I'가 야쿠자나 마피아와 같은 갱단의 일원일 경우 그러한 일이 가능할 수도 있다. 그러나 보통의 일상적 상황에서는 그러한 일을 생각하기 힘들다. 따라서 이러한 이유 때문에 (19)에 대한 Q-원리에 의한 해석은 거부되며, 그로 인해 R-원리에 의한 (19)의 해석이 주어질 수 있는 것이다.

3. 언어의 공모성으로서의 여타조건

이상으로 우리는 여타조건의 기본 개념과 함께, 그것이 음운론의 주강세 부여 규칙에서뿐만 아니라 형태론의 저지 현상, 통사론의 최후수단 원리, 의미론에서의 어휘화, 그리고 화용론에서의 대화 격률에서 두루 나타난다는 것을 확인해 보았다.

각 부문(component)에서 관찰된 이러한 언어 현상들은 비록 외형적으로는 서로 관련이 없어 보이지만, 실제로 따져 보면 기능적으로는 모두 여타조건의 기본 속성을 여실히 가지고 있음을 알 수 있었다. 이는 결국 1절에서 살펴본 언어의 공모성의 정의와 부합하며, 따라서 여타조건을 범부문적으로 존재하는 언어 공모성의 한 사례로 간주하는 것이 가능하다고 생각한다.

본고의 이러한 주장은 기존에 이루어진 각 언어 이론 분과의 중요한 연구 성과에 힘입은 바 크다. 그러나 그들 논의는 주로 단일 부문 내에서의 논의로 그치거나 기껏해야 한두 부문들 간의 부분적인 비교에 머물렀던 것이 사실이다. 그래서 여타조건을 언어의 공모성이라는 입장에서 범부문적으로, 거시적으로 다루지는 못했다. 이에 본고에서는 여타조건이 음운론으로부터 화용론에 이르기까지 문법의 거의 전 분야에 걸쳐 두루 존재하고 있음을 체계적으로 밝혔을 뿐만 아니라, 단일 부문의 차원을 뛰어넘어 범부문적으로도 언어의 공모성이 실재하고 있음을 보여주었다는 점에서 그 의의를 갖는다고 생각할 수 있다.

한편, 이제 언어 이론 연구의 거시적 차원에서 이러한 범부문적 공모성을 어떻게 기술해 줄 것인가 하는 문제를 생각해 볼 수 있다.

촘스키는 1990년대에 들어와서 통사이론에서의 최소주의 가설을 펴고 있다. 80년대까지 통사부의 잡다한 규칙들을 Move-α로 단일화시키고 이제는 통사부의 제 원리들을 경제성 원리라는 하나의 구심점으로 통합하고자 한다.

그렇다면 이때 거시적인 관점에서 다음과 같은 질문을 그에게 해 볼 수 있을 것이다. '과연 경제성 원리가 문법의 다른 부문, 예컨대 음운론이나 형태론, 의미론이나 화용론에서도 유효한가?'라고. 이 질문에 대해 그는 '그것은 무의미한 질문일 수 있다. 문법의 각 부문은 독자적인 규칙과 원리를 가지고 있을 것이기 때문이다'라고 말할지도 모른다. 그러나 본고의 논의를 통해서 볼 때 문법의 제 분과들은 적어도 여타조건이라는 언어의 공모성을 공유하고 있는 것으로 보인다. 기존의 통념과 같이 문법의 각 부문에 독립적인 규칙이나 원리의 체계가 분명히 존재하고 있을지라도, 제 부문을 관통하는 원리들이 존재할 가능성도 배제할 수는 없는 것이다.9)

언어 이론의 제 부문을 관통하는 메타적인 원리가 있고 그 원리가 제 부문에 외형은 다르지만 사실상 동일한 기능을 수행하는 방식으로 구현되어 있는 언어 모델을 세워 볼 수 있을 것이다. 그러나 현재로서는 그 구체적인 모습은 쉽게 단언하기 힘들다.

여타조건 외에도 또 다른 언어의 공모성이 존재할 가능성은 충분히 있다. 만일 여타조건을 비롯하여 다른 몇 가지의 공모성이 발견될 경우, 이러한 범부문적 원리들을 거시적이고도 미시적인 문법 이론 틀에서 어떻게 다루어 주어야 할지는 앞으로 탐구해 볼 만한 흥미로운 과제이다.

---

9) Uriagerecka(1998)는 최소주의 이론에서 제안된 '어순공리'의 모태를 자연과학의 원리에서 찾을 수 있는 가능성에 대해 논의한 바 있다. 언어학의 원리들과 자연과학의 원리들을 관통하는 일관된 원리에 대한 그와 같은 탐구도 가능하다면, 언어 이론 내의 제 분과에서 동일하게 작동하는 원리를 찾는 일 역시 그리 불가능하거나 무의미한 일만은 아닐 것이다.

5. 비단선적 문법(단위의 차원)

앞서 4장이 이론의 차원에서 연구 결과의 해석 문제를 다뤘다면 본 장은 언어단위의 차원에서 그 문제를 논의한다. 즉, 연구의 결과 새롭게 발굴한 것이 어떤 특정한 언어단위이고 그것이 일반적인 범주 규정에 어긋나는 것처럼 보일 때 연구자가 취할 수 있는 길은 첫째, 그것을 그냥 예외적인 어떤 것으로 치부해 버리거나 둘째, 그것을 다른 기성의 범주에 어떻게든 끼워 맞추려고 노력하거나 셋째, 기존의 틀을 반성해 보고 그것을 포용할 수 있도록 문법체계를 다시 짜거나 하는 등의 세 가지일 것이다.

어떤 패러다임이 확고히 뿌리를 내리고 있을 경우 첫째와 둘째 방안이 채택되기 쉽다. 현 패러다임에 대한 강한 신뢰감은 연구자들로 하여금 수수께끼처럼 보이는 현상들에 대해 그것은 언제든 마음만 먹는다면 쉽게 풀 수 있는 문제라는 생각을 품게 만든다. 그리고 이제 시간을 가지고 여유 있게 문제를 풀 수 있게 되었을 때 사람들은 전에 특이하게 보였던 현상이, 조금 복잡하거나 때로는 극적이기까지 한 과정을 통해서라도, 반드시 기존의 패러다임 내에서 잘 설명될 수 있는 것임을 명백히 밝혀내기를 원한다.

그러나 예외들이 계속 쌓여 가고 아무리 노력해도 패러다임과 예외들 간의 간격이 점점 더 벌어지기만 할 때 사람들은 기존의 패러다임을 의심하거나 예외처럼 보였던 현상들을 체계적으로 연구해 볼 필요성을 느끼게 된다. 셋째 방안이 채택되는 순간이다. 그 결과 그동안 도외시해 왔던 현상들 속에 일정한 질서가 내재하고 기존의 패러다임이 이를 감당해 낼 수 없음이 명백해질 때 드디어 새로운 패러다임이 등장하게 된다.

본 장에서는 이러한 문제의식을 가지고 그동안 한국어 문법에서 예외적인 것처럼 다루어진 언어단위들을 새롭게 조명해 보고자 한다. 이를 통해 앞서의 논의가 문법 연구의 현장에서 구체적으로 어떻게 가능한가를 보이는 동시에, 실제로 기존의 단선적인 한국어 문법체계를 반성하고 그 대안으로 비단선적인 문법체계를 새롭게 제안할 것이다.

■ 단선적인 시각에서 비단선적인 시각으로 *

형태론과 통사론, 즉 문법론의 기술에는 '[부문], [규칙], [단위]; [저장-[시간의 차원]]' 등의 개념 틀과 그 구분이 필요하다. 이를 조금 더 상세화하면, '[어휘부]/[통사부], [형태규칙]/[통사규칙], [형태단위]/[통사단위]; [저장-통시적 [연속성]/[비

---

* 이 글은 김의수(2004, 2005)의 일부를 뽑아 수정하여 이 책의 맥락에 맞게 재구성한 것으로서, 본 장의 길잡이 역할을 해 줄 것이다.

연속성]]/[비저장-공시적 [연속성]/[비연속성]]'과 같다. 이들은 서로 밀접히 연관되어 있으면서도 자신들 각각에 대한 명확한 개념 정의를 요구한다.

상당수의 언어단위들은 대개 위와 같이 잘 구획된 정의들에 의해 적절히 포착될 수 있는 것처럼 보인다. 가령, '감나무'라는 언어형태는 [어휘부]에서 [형태규칙]에 의해 만들어진 [형태단위]의 한 종류(합성어)로서, [저장]되며 [통시적 연속성]을 가진다.[1] 한편, '떡(을) 먹(다)'와 같은 언어단위는 [통사부]에서 '떡'과 '먹-'이라는 두 개의 기본 [통사단위]들, 즉 '통사원자'들이 [통사규칙]에 의해 결합되어 '구'라는 더 큰 [통사단위]로 된 것이다. 아울러 그것은, '감나무'와 달리, [저장]되지 않고 [공시적 연속성]을 가지며[2] 그때그때 필요에 의해서 만들어진다.

이때 주의할 것은 이러한 언어단위들이, 관련된 개념들의 일련의 연쇄적 정의로서 이해되고 있다는 점이다. 다음은 이 같은 관점에서 현재 일반적으로 논의되고 있는 언어단위들을 나타내 본 것이다.

---

1) 이때 통시적 연속성은 '공시태n-1=공시태n'로 명시할 수 있다. 반면, '화석' 등이 보여주는 통시적 비연속성은 '공시태n-1≠공시태n'이 될 것이다.

2) 이때 공시적 연속성은 '어휘정보=통사정보'로 명시할 수 있다. 반면, '이다'나 조사 선행 성분 등이 보여주는 공시적 비연속성은 '어휘정보≠통사정보'가 될 것이다. 즉, '여기에 들어갈 말은 <u>새로운</u>이다'란 문장에서 '새로운'은 어휘적으로 '형용사'이지만(즉, 어휘부에 기록되어 있는 그것의 품사 정보는 '형용사'이지만) 통사적으로는 '체언'처럼 쓰이고 있다(즉, 문장 속에서는 체언의 분포를 가지고 있다).

(1) 전형적인 언어단위들의 개념 연쇄
    가. 단일어: [+어휘부, −통사부] ⌢ [−형태규칙, −통사규칙] ⌢
        [+형태단위, −통사단위] ⌢ [+저장, 공시태n−1=공시태n]
    나. 복합어: [+어휘부, —통사부] ⌢ [+형태규칙, −통사규칙] ⌢
        [+형태단위, −통사단위] ⌢ [+저장, 공시태n−1=공시태n]
    다. 통사원자: [−어휘부, +통사부] ⌢ [−형태규칙, −통사규칙] ⌢
        [−형태단위, +통사단위] ⌢ [−저장, 어휘정보=통사정보]
    라. 구: [−어휘부, +통사부] ⌢ [−형태규칙, +통사규칙] ⌢ [−형
        태단위, +통사단위] ⌢ [−저장, 어휘정보=통사정보]

이 도식을 읽는 방법은 다음과 같다. 가령 '단일어'는 [어휘부]에서 확인되며 [형태규칙]의 적용을 받지 않은 하나의 [형태단위]로서, [저장]되어 있고 [통시적 연속성]을 가지는 언어단위이다. 파생어와 합성어를 아우르는 개념으로 사용된 복합어는, 그것이 [형태규칙]의 적용을 받았다는 점([+형태규칙, −통사규칙])을 제외하면, '단일어'와 다른 모든 면에서 동일하다. 한편, '통사원자'의 경우는, [통사부]에서 확인되며 [통사규칙]의 적용을 받지 않은 하나의 [통사단위]로서, [저장]되지 않으며 [공시적 연속성]을 가지는 언어단위이다. '구'는 다만, 그것이 [통사규칙]에 의해 형성된다는 점([−형태규칙, +통사규칙])에서만 통사원자와 구별된다.3)

---

3) 하나의 통사원자가 곧장 하나의 구를 이루는 경우에도 두 개념의 구별이 유효함은 물론이다. 동일한 언어 형태일지라도 그것이 통사원자일 때에는 X^0이며 구일 때에는 XP이다. 구는 핵이 투사된 결과물이기 때문이다. 또한, 특히 '구'가 공시적 연속성을 갖는다는 말은 그것을 구성하고 있는 통사원자들의 어휘적 정보가 통사부에서 왜곡됨 없이 잘 투사되고 있음을 뜻한다.

　상당수의 경우 이러한 개념들의 연쇄적 정의로써 단어나 구와 같은 언어단위들을 가려내고 규정하는 데에 큰 어려움이 없어 보이지만 모든 경우가 다 그런 것은 아니다. 다음의 예들을 살펴보자.

(2) 비전형적인 언어단위들의 개념 연쇄
　　가. 잠재어: (예: '갈림길'의 '갈림')
　　　　[+어휘부, -통사부] ⌢ [-형태규칙, +통사규칙] ⌢ [+형태단위, -통사단위] ⌢ [-저장, 어휘정보=통사정보]
　　나. 구적 관용어: (예: '미역국(을) 먹다')
　　　　[-어휘부, +통사부] ⌢ [-형태규칙, +통사규칙] ⌢ [-형태단위, +통사단위] ⌢ [+저장, 공시태n-1=공시태n]
　　다. 화석: (예: '그믐'의 '그믈-')
　　　　[+어휘부, -통사부] ⌢ [+형태규칙, -통사규칙] ⌢ [+형태단위, -통사단위] ⌢ [+저장, 공시태n-1≠공시태n]

(2)는, (1)이 보여주는 개념 연쇄들의 어느 것과도 일치하지 않는다. 가령, (2가)의 잠재어 '갈림'은 그 내부 구성이 '동사어간+명사형 어미'로서 [통사규칙]을 따르지만, 정작 그 전체는 [어휘부]에서 '갈림길'이라는 복합어 형성을 위한 구성성분으로 쓰이는 [형태단위]이다. 또한 '갈림' 자체가 독자적으로 [저장]된다고 볼 수는 없다.4) 반면 '구적 관용어'는 [통사규칙]에 의해 만들어진 '통사구성', 즉 [통사단위]로서 [통사부]에 존재하지만 보통의 구와 달리 의미의 합성성이 준수되지 않아 어떻

---

4) 저장되는 것은 '갈림길' 전체일 뿐이다. 이는 '무두질' 전체가 저장되어 있을 뿐, '무두'만이 따로 저장되어 있지는 않다는 것과 같은 맥락에 있다.

게든 [저장]되어 있어야 하는 것으로 보인다. 한편, 전형적인 언어단위들은 [저장]된 이후에 변화를 겪지 않는 것이 일반적인데 (2다)의 '화석'은 변화를 겪는다. 즉, 그것은 [통시적 불연속성]을 지닌다.5) 이 외에도 상례를 따르지 않는 것처럼 보이는 언어단위들이 꽤 있다. '연어', '어근적 단어', '유일형태소', '임시어', '조사 및 '이다' 선행 성분' 등이 그러하다.6)

정리하면, (2)의 예들이 특이해 보이는 것은 그들이 (1)이 내포하는 다음과 같은 개념들의 일반적인 인과관계 유형을 따르지 않기 때문이다.

(3) 전형적 언어단위들이 보이는 개념 연쇄의 일반적 유형
　가. ①[+어휘부, −통사부] ⇒ ②[±형태규칙, −통사규칙] ⇒ ③[+형태단위, −통사단위] ⇒ ④[+저장, 공시태n−1=공시태n]
　나. ①[−어휘부, +통사부] ⇒ ②[−형태규칙, ±통사규칙] ⇒ ③[−형태단위, +통사단위] ⇒ ④[−저장, 어휘정보=통사정보]

그리고 이러한 일반적인 개념 연쇄가 뒤틀리는 국면들과 해당 사례들을 간략히 정리하면 다음과 같다.7)

---

5) 즉, 명사화 접미사 '−ㅁ'과 함께 '그뭄'을 구성했던 '그믈−'(혹은 '그몰−')은, 본래 '어두워지다' 혹은 '저물다'라는 뜻의 동사어간이었지만 이후 그것은 한국어 동사어간 목록에서 사라졌다.

6) 여기서 지금 처음 언급되는 것들의 예들을 하나씩만 들어 보면 다음과 같다. 1)연어: '그 일에 대해서 논의했다', 2)어근적 단어: '방이 참 깨끗−도 하다', 3)유일형태소: '무두−질', 4)임시어: '그으들, 주−러시아 대사, 대−북한 정책'의 밑줄 친 부분.

(4) 일반 유형이 뒤틀리는 국면과 해당 사례들

　　가. ①부문–②규칙: 잠재어, 어근적 단어

　　나. ②규칙–③단위: 잠재어, 어근적 단어

　　다. ③단위–④저장: 잠재어, 어근적 단어, 구적 관용어, 유일

　　　　형태소, 임시어, 연어

　　라. ④저장–통시적 연속성: 화석

　　마. ④비저장–공시적 연속성: 조사 및 '이다' 선행 성분

위의 5가지 국면들은 모두 불확정성이 발생하는 곳이다. 가령, (4가)의 경우, (3)에 의거할 때, 일반적으로 만일 어떠한 요소가 [+어휘부, –통사부]라면 그것은 보통 [±형태규칙, –통사규칙]이기 마련인데, 잠재어의 경우엔 [+어휘부, –통사부]이면서도 [–형태규칙, +통사규칙]이다. 즉, 이 둘은 일반적으로 양립할 수 없어 보이는 상보적 개념들임에도 불구하고 잠재어에서는 양립하고 있다. 이때 저자는 '[α어휘부, β통사부] ⇒ [γ형태규칙, δ통사규칙]'이라는 개념 연쇄에 '불확정성'이 존재한다고 말한다.[8] 즉, 거기서는 네 가지 자질 값의 단일한 순열을 확정할 수 없다.[9] 이를 간략히 '부문–규칙'에서의 불확정성이라 부른다. 같은 방식으로 (4)의 다른 경우들도 '규칙–단위'에서의

---

7) 여기서는, (2)에서 대표적으로 든 예들뿐만 아니라 그동안 같은 맥락에서 함께 다루어 온 '연어', '어근적 단어', '유일형태소', '임시어', '조사 및 '이다' 선행 성분' 등도 아울러 고려해 본다.

8) 여기서 α와 β, γ, δ는 변수로서 '+'나 '–'의 값 중 어느 하나를 가진다.

9) 즉, 이 국면에서는 적어도 다음과 같은 복수의 유형이 확인된다.

　·일반유형 　　: [+어휘부, –통사부] ^ [±형태규칙, –통사규칙] 또는

　　　　　　　　　　[–어휘부, +통사부] ^ [–형태규칙, ±통사규칙]

　·잠재어 　　　: [+어휘부, –통사부] ^ [–형태규칙, +통사규칙]

　·어근적 단어: [+어휘부, +통사부] ^ [+형태규칙, +통사규칙]

불확정성, '단위-저장'에서의 불확정성, '저장-통시적 연속성'에서의 불확정성, '비저장-공시적 연속성'에서의 불확정성이라 부른다. 그리고 그러한 불확정성을 야기한 장본인들을 '상당어'라고 불러 보자.10)

상당어들은 (4)의 여러 국면에서 (3)의 일반적 인과관계로부터 일탈한다. 그들은 그 일탈의 정도와 국면의 특징에 따라 불확정성을 둘러싸고 일정한 군을 형성한다. 예컨대, '잠재어'와 '어근적 단어'는 공히 거의 전 영역에서 (3)과 궤를 달리하며, 특히 (4다)에서 대다수의 상당어가 일탈을 보인다. '화석'이나 '조사 및 '이다' 선행 성분'은 비교적 고립된 채 불확정성을 드러내고 있다.

한국어의 전형적인 단어나 구, 즉 '비상당어'들은 (3)의 개념 연속체의 어떠한 개념 이행 단계에서도 일탈을 보이지 않는다. 반면, '상당어'라 불리는 것들은 방금 언급한 것처럼 그 가운데 적어도 어느 한 단계에서라도 다른 길을 선택한다. 그로 말미암아 결과적으로 일반 유형 (3)은 거시적으로 많은 언어단위들의 행태를 대표할지라도, 미시적·국부적으로는 그 부분 부분에서 불확정성이 노출되는 '결함 있는 체계'가 된다. 그 이야기는 곧 (3) 자체가 언어단위의 기술에 있어서 하나의 근사치에 불과함을 의미한다. 이는 다시, (2)와 같은 유형 역시 언어단위의 범주화에 대한 또 다른 근사치의 자격을 가짐을 함의한다.

___

10) '상당어'(김의수 2002, 2004)나 '중간범주'(김의수 2003) 혹은 '확대범주' 등의 용어 모두 어느 면에서는 불만족스러운 점들이 있다. 이 문제는 다른 자리에서 다루기로 하고 여기서는 일단 '상당어'라는 용어를 준용하기로 한다.

(3)이 적용되는 곳에서는 (2)가 무의미해지고, 그 역도 참이다. 따라서 (3)과 (2)는 배타적 관계에 놓인다. 그리고 배타적 관계에 놓인 두 존재는 상보적(상호보완적) 관계에 있다. 이는 곧 그 두 존재가 언어단위의 온전한 기술이라는 한 가지 목표를 향하여 서로 협력하는 관계에 있음을 뜻한다.11) 즉, 언어단위들을 올바로 기술하기 위해서는 이와 같은 상보적 정의들이 모두 필요한 것이다.

그렇다면 이렇게 배타적이면서 상호보완적인 상당어와 비상당어들로 구성된 문법단위의 체계는 어떤 것일까? 여기서 두 가지 방안을 생각해 볼 수 있다. 하나는 '단선적인' 문법단위의 체계, 다른 하나는 '비단선적인' 문법단위의 체계.

불확정성을 야기하는 언어단위들을, 그렇지 않은 일반적인 언어단위들의 무리 속에 함께 놓아둔다면, 그로 인해 오히려 그러한 예외적인 존재들이 포함되기 이전에 일반적인 언어단위들을 한데 묶어 주었던 명쾌한 기준들마저 흔들리게 된다. 즉, 그렇지 않았을 때 유지되었던 자연부류(natural class)의 순일성이 훼손된다. 그 결과 우리는 과연 단어가 무엇인지, 구가 무엇인지, 그리고 그들은 어떻게 다른지에 대해서조차 말하기 힘들어지게 될 것이다. 그것은 바람직하지 않은 일이다. 단위에 대한 기본적인 정의조차 흔들린다면 그 이상의 체계적인 이론화는 기대하기 어렵다. 결국, 우리는 종전까지 가정해 오

---

11) 이는 자연과학의 '상보성의 원리'나 '불확정성 원리'와도 맥을 같이 한다. 양자역학에서는 '전자'의 '위치'와 '운동량'처럼 상호 대립적이고 배타적이지만 서로 보완적 관계에 있는 두 개념이 모두 필요하다고 본다. 그 둘 중 어느 하나만으로는 '전자'에 대한 온전한 인식에 이를 수 없기 때문이다.

던 '단선적인' 문법단위의 체계를 포기하고 '비단선적인' 문법단위의 체계를 지향해야 한다.

이러한 문제제기는 이미 음운론에서도 이루어진 바 있다. 즉, '비단선 음운론' 혹은 '복선 음운론'은 기존의 음운론에서 음운단위들이 단선적으로 배열되어 있다는 전제 하에서는 심각한 문제가 되었던 현상들로 인해 주창되었다. 예컨대, 다른 변별적 자질들은 탈락하는 분절음소를 따라 같이 사라지는데, 왜 하필이면 성조 자질들만이 그 흔적을 남기게 되는지 기존의 단선 음운론에서는 설명하기 힘들었다. 비슷하게, 대부분의 단어들은 어휘부에 등재되어 있으면서 통사부에서 그 내부가 가시적이지 않은데(어휘고도제약), 왜 구적 관용어는 어휘부에 등재되어 있음에도 불구하고 통사부에서 그 내부가 가시적인지를 기존의 단선적인 문법단위의 체계에서는 설명하기 힘들다. 이에 저자는 비단선 음운론(nonlinear phonology)에서 분절음소(자음, 모음)와 초분절음소(음절, 성조, 강세 등)가 독자적인 층위에 존재하면서 상호 관련을 맺고 있는 것으로 파악하는 것처럼,[12) 문법의 언어단위들 역시 일반적인 언어단위(비상당어)들과 간 범주적인 언어단위(상당어)들이 별도의 층위를 구성하면서 서로 관련되어 있다고 생각한다.

    (5) 문법단위의 비단선적인 체계(non-linear system)
       가. 불확정성을 야기하지 않는 언어단위(비상당어): 형태소,

---

12) 복선 음운론의 등장 배경과 그 주요 내용에 관해서는 이기문·김진우·이상억(1984)와 김무림(1992) 등을 참고할 수 있다.

단어, 구, 문장
　나. 불확정성을 야기하는 언어단위(상당어): 형태소 상당어,
　　단어 상당어, 구 상당어, 문장 상당어

(5)의 이해를 돕기 위해 예를 든다면, '무두질'에서 '-질'은 접사라는 '형태소'이고 '무두'는 '형태소 상당어'13)이다. '치맛바람'은 '단어'이고 '깨끗도 하다'의 '깨끗'은 '단어 상당어'14)이다. '밥을 먹다'는 '동사구'이지만 '미역국을 먹다'는 '동사구 상당어'15)이다. '철수가 장에 갔다'는 '문장'이지만 '가는 날이 장날이다'는 '문장 상당어'16)에 해당한다.

　저자는, 우리가 통상 사용해 왔던 유일형태소나 연어, 관용어 등의 용어나 개념이 사실상 기술적인 차원에서의 분류 명칭(descriptive taxonomy)에 불과할 뿐, 언어단위들의 정체성과 상관성을 밝히는 작업에서 이론적으로 별 의의를 갖지는 못한다고 생각한다.17) 실제로 연어나 관용어라 불리는 것들은 다

---

13) 기존의 단선적인 문법체계에서는 '유일형태소'로 불렸다.
14) 기존의 단선적인 문법체계에서는 '어근적 단어'로 불렸다.
15) 기존의 단선적인 문법체계에서는 '구적 관용어'로 불렸다.
16) 기존의 단선적인 문법체계에서는 '속담'으로 불렸다.
17) Chomsky(1995: 25-26)는 원리와 매개변수의 성격을 논의하면서 전통적으로 사용해 오던 '구문'(constructions)(예: 의문문, 관계절, 수동문, 인상구문 등)이라는 용어나 개념이 기술적인 분류용(descriptive taxonomy)으로는 유용할 수 있지만 이론적인 지위는 갖지 못한다고 하였다. 정말로 존재하는 것은 원리(principle)들이고 이들이 상호작용하여 생성해 낸 문장들을 현상적으로 분류해 놓은 기술적 가공물(descriptive artifact)들이 바로 '구문'이기 때문이다. 따라서 언어학자는 그러한 기술적 가공물에 매달릴 것이 아니라 그들을 구성하는, 다시 말해 그들 속에 내재하는 원리들을 추구해야 한다는 것이다. 저자 역시 이러한 문제의식의 연장선상에서 상당어 논의를 전개하고 있다.

양한 스펙트럼을 가지며 존재한다.[18] 예컨대, 관용어로 불린다 하여 모두 상당어가 되는 것도 아니다. 어휘적 관용어는 일반적인 단어이지만, 구적 관용어는 상당어(구 상당어)에 해당한다. 사실이 그렇다면 더 이상 그러한 기술적인 용어에 집착할 것이 아니라 그들 내부의 언어단위들이 가지는 정체성과 관련성을 이끌어낼 실질적인 기준을 찾아가는 것이 더 합리적일 것이다.

요컨대, 저자는 (3)과 (2)처럼 배타적인 동시에 상호보완적인 관계를 맺고 있는 정의들을 모두 대등하게 인정하고 포섭할 때 언어단위의 체계에 대한 올바른 인식과 기술에 이를 수 있다고 생각하며 이를 바탕으로 (5)와 같은 비단선적인 문법단위의 체계를 제안하게 되었다.

이제 이러한 제안이 어떠한 문법 연구의 토양 위에서 싹터 나오게 되었는지 살피기 위해 그 구체적인 논의의 현장으로 가 본다. 거기서, 파편처럼 보였던 특이한 언어단위들이 어떻게 문법의 전체 체계를 반성하도록 만들었는지를 좀더 자세하게 지켜볼 수 있을 것이다.

---

18) 이와 관련하여 최경봉(1992)와 김진해(2000), 임홍빈(2002)와 박진호(2003) 등을 참고할 수 있다.

■ 언어단위로서의 상당어 설정 시고 *

1. 문제 제기

본고는 그동안 암묵적으로만 논의되었던 상당어(相當語)라는 개념을 새롭게 인식해야 하며 그에 따라 그것은 한국어를 기술하는 데 있어 하나의 정당한 언어단위로 간주될 수 있음을 주장하고자 한다.

상당어라고 하는 용어는 본고에서 처음으로 사용하는 것은 아니다. 다음과 같은 예를 논의하는 가운데 그동안 암묵적으로 혹은 일반적인 용법으로 사용해 온 말이다.

> (1) 가. 서울이 <u>여기까지</u>입니다.
> 나. 다음 빈 칸에 들어갈 말은 '<u>새로운</u>'입니다.
> 다. 그거야 <u>땅 짚고 헤엄치기</u>이지.
> 라. <u>아뿔사</u>, 네가 그 일을 했단 말이냐?

(1가, 나)는 '이다' 구문의 예로서 안명철(1995), 이남순(1999)

_* 이 글은 처음 제134차 한국어학회 연구발표회(2000. 11. 25, 고려대 민족문화연구원)에서 발표했고 그 수정본은 2001년도 상반기 형태론연구회 발표회(2001. 6. 2, 서울대 인문관 1동)에서 선보였다. 토론의 과정을 거치면서 완성된 원고는 마침내 「형태론」4-1에 실리게 된다. 여기서는 이 책의 맥락에 맞도록 글을 대폭 수정하여 올린다. 이 글을 통해 독자가, 특정한 언어단위들에 대한 연구 결과들을 문법의 전체 체계 속에서 해석해 본다는 것이 무엇인지를 좀더 구체적으로 이해할 수 있기를 바란다.

등에서는 밑줄 그은 부분을 '체언 상당어' 혹은 '명사 상당어'라고 불렀다. 한편, (1다)는 관용어 표현이 나타난 구문인데 명사의 사전적 처리에 관한 연구인 홍종선(1998)에서는 이를 '명사 상당어'라고 하였다. 마지막으로 (1라)의 밑줄 그은 말은 소위 '독립어'인데 문형을 논의하면서 김성화(1972)에서 이를 '의미상으로는 文相當語'라고 하였다.

이상의 선행 연구에서 발견되는 '상당어'의 개념은 '어떠한 범주에 준한다'는 의미를 가지는 것으로 보인다. 특히 (1나)의 '새로운'이라는 말은 그 자체로서는 '형용사'인데 실제의 문장에서는 '이다'에 선행하므로 '명사'의 분포를 갖는다. 따라서 그것은 품사로는 형용사이지만 문장상의 쓰임만으로 볼 때에는 명사인 것처럼 인식될 수 있다. 즉, 그것은 (1나)와 같은 문장에서 하나의 완전한 명사는 아닐지라도 '명사에 준하는' 것이라 말할 수 있다.

선학들의 이와 같은 인식은 기존의 단어나 문장에 관한 통념에서 쉽게 포착되지 않는 언어단위들이 존재함을 인정하고 그것들을 나름대로 정의해 보려는 시도라고 생각된다. 그러나 그러한 시도가 본격적으로 이루어진 예는 아직 없는 듯하다. 이에 본고에서는 이러한 상당어의 개념을 명확히 정의하고 그와 관련된 한국어의 예들을 살핌으로써 상당어라는 언어단위 설정의 타당성을 주장하고자 한다.

2. 상당어와 불확정성[1]

언어단위에 대한 정의는 하나의 개념에 의지하지 않고 여러 가지 개념들의 연쇄로서 주어진다. 가령, '사과나무'와 같은 '복합어'는 [어휘부]에서 확인되며 [형태규칙]의 적용을 받은 하나의 [형태단위]로서, [저장]되어 있고 [통시적 연속성][2]을 가지는 언어단위이다. 반면, '밥을 먹다'와 같은 '구'는 [통사부]에서 확인되며 [통사규칙]의 적용을 받은 하나의 [통사단위]로서, [저장]되지 않으며 [공시적 연속성][3]을 가지는 언어단위이다. 각괄호로 표시된 개념들은 사실상 다음과 같은 '인과관계'로 연결되어 있다.

> (2) 가. [어휘부]⇒[형태규칙]⇒[형태단위]⇒[+저장]⇒[통시적 연속성]
>
> 　　나. [통사부]⇒[통사규칙]⇒[통사단위]⇒[−저장]⇒[공시적 연속성]

(2가)는 '복합어'와 같은 '단어'를 규정하기 위한 개념 연쇄이며 (2나)는 '구'와 같은 통사부의 언어단위를 위한 개념 연쇄이다. 모든 복합어나 구가 (2)의 두 가지 경우 가운데 어느 하나로

---

1) 본 절은 김의수(2002가)의 2절을 거의 새로 쓰다시피 한 것이다. 그 과정에서 본래의 것보다 분량이 훨씬 늘어나게 되었지만, 전보다 상당어와 불확정성의 개념을 좀더 명료하게 제시할 수 있게 되었다.
2) 이때 '통시적 연속성'이란 시간의 흐름 속에서도 본래의 성격이 변질되지 않음을 뜻한다.
3) 이때 '공시적 연속성'이란 어휘부에서의 속성이 통사부에서도 그대로 유지됨을 의미한다. 이는 통사론의 투사원리(Projection Principle)와 맥을 같이한다.

귀결된다면 복합어나 구의 정의에는 두 가지의 확실한 정의만
이 존재하게 될 것이다.

그러나 실제로는 (2)의 개념 연쇄를 그대로 따르지 않는 언
어단위의 유형들이 적지 않다. 일례로, '미역국을 먹다'와 같은
'구적 관용어'는 [통사규칙]에 의해 만들어진 '통사구성', 즉
[통사단위]로서 [통사부]에 존재하지만 보통의 구와 달리 의미
의 합성성이 준수되지 않아 어떻게든 [저장]되어야 하는 것으
로 보인다. 문제의 핵심은 [통사단위]가 [저장]될 수도 있다는
점이다. 이로 말미암아 (2)의 개념 연쇄에서 다음 두 가지의 국
부적인 인과관계의 확정성에 문제가 발생한다.

    (3) 가. [형태단위] ⇒ [+저장]
         나. [통사단위] ⇒ [−저장]

인과관계의 확정성에 문제가 발생했다는 것은 곧, 더 이상 그
러한 관계가 '언제나 성립된다'고 단언할 수가 없게 되었음을
뜻한다. '언제나 성립되는' 관계에 대해 '확정적이다' 혹은 '확
정성'이 있다고 말할 수 있다면, 그렇지 않은 관계, 즉 '언제나
성립한다고는 볼 수 없는' 관계에 대해서는 '불확정적이다' 혹
은 '불확정성'이 있다고 말할 수 있다. 결국, '미역국을 먹다'와
같은 구적 관용어로 인해 (3)과 같은 국부적인 개념 연쇄뿐만
아니라 그것을 포함하는 일반적인 개념 연쇄 (2)가 '불확정성'
을 내포하게 된다.

본고에서는 이렇게 언어단위에 대한 일반적인 개념 연쇄에

서 '불확정성'을 야기하는 일련의 언어단위들을 '상당어'라고 부른다. (3)과 관련하여 '불확정성'을 야기하였으니 '미역국을 먹다'와 같은 구적 관용어도 상당어가 된다.

그런데 이때 유의해야 할 점은, '불확정성'을 자신의 속성으로 가지는 것은 상당어가 아니라 (2)와 같은 개념 연쇄라는 사실이다. 말 그대로 상당어는 불확정성을 야기할 뿐이지 그 자체가 불확정성을 지니고 있는 것은 아니다.4)

그렇다면 상당어 자체가 가지는 성질은 무엇일까? 이 대목에서, 불확정성을 야기한 구적 관용어의 두 속성 [통사단위]와 [+저장]이 일반적인 개념 연쇄 (3)에 비추어 볼 때 양립 불가능하다는 점에 주목해 보자.5) 이로부터 우리는 상당어가 본질적으로 (3)이나 (2)와 같은 일반적인 개념 연쇄에서 양립 불가능한 개념 짝을 자신의 속성의 일부로 지니고 있음을 알 수 있다. 즉, 상당어는 (2)의 관점에서 양립 불가능한 개념 짝을 가지고 있고 그로 인해 개념 연쇄 (2)가 불확정성을 지니게 되는 것이다. 이를 정리하면 다음과 같다.

---

4) 김의수(2002가: 83, 97)는 이 점에서 혼란을 겪고 있다. 김의수(2005)에서는 상당어 자체가 아니라 그것을 포함하는 문법단위의 체계가 불확정성을 가지고 있는 것이라고 올바로 논의하고 있다. 여기서는 김의수(2005)를 따라 김의수(2002가)를 바로 잡고자 한다.

5) 즉, (3)과 같은 일반적인 개념 연쇄에서, [형태단위]라면 [+저장]이고 [통사단위]라면 [-저장]이어야 하지 [통사단위]이면서 [+저장]일 수는 없다는 것이다. 이러한 의미에서 [통사단위]와 [+저장]을 양립 불가능하다고 말할 수 있다.

> (4) 가. 상당어: 언어단위에 대한 일반적인 개념 연쇄에 비추어
>   볼 때 양립 불가능한 두 가지 개념을 동시에 가지는 언어
>   단위.6)
>   나. 불확정성: 그것을 구성하고 있는 어떤 두 개의 개념에
>   대해 그들이 언제나 인과관계를 형성한다거나 형성하지
>   않는다고 단언할 수 없는 개념 연쇄의 속성.7)

이제 이러한 관점에서, 선행 연구들이 (1나)의 '새로운'을 '명사 상당어'라고 부른 것을 음미해 보자.8) 그들은 '새로운' 자체가 분명히 '형용사'임을 알고 있었음에도 불구하고 그것을 '형용사'라고 부르지 않았다. 그것은 '새로운'의 '분포적 속성'을 간과할 수 없었기 때문일 것이다. 그리고 품사와 달리 '실제의 쓰임'이 체언적이라는 이유로 그것을 '명사 상당어'라고 하였다. 그렇다면 암묵적으로 사용해 온 '상당어'라는 말 속에는 이미, 대상이 되는 언어단위가 이질적인 속성을, 더 정확히 말해 양립 불가능한 속성을 가지고 있다는 생각이 내포되어 있다고 볼 수 있다. 즉, (1나)에서는 '새로운'의 어휘적 '품사 정보'와 그것의 통사적 '분포 정보'가 일반적인 관점에서9)

---

6) 김의수(2005: 415)는, 상당어에 따라서는 그러한 개념 짝이 두 가지 이상일 수도 있다고 말했다.
7) 결국 어떠한 언어단위가 문법단위의 체계에 '불확정성'을 야기한다는 말은, 그것이 언어단위에 대한 일반적인 개념 연쇄에서 양립 불가능한 두 가지 개념을 동시에 지니고 있음을 의미한다.
8) 3.2.3절에서 상론하겠지만, '조사나 '이다' 선행 성분'은 정확히 말해 단어가 아닌 구 차원의 것이다. 여기서는 논의를 복잡하게 만들지 않기 위해 일단 '명사 상당어'로 부르면서 논의를 진행하기로 한다.
9) 여기서 '일반적인 관점'이란, 앞서 논의한 (2)와 같은 개념 연쇄의 차원을 말한다. 여기서는 그 가운데 '공시적 연속성'이 문제가 된다. 이 문제는 3.2.3

양립 불가능하며, 그로 인해 그것의 범주를 규정해 줄 때 불가
피하게 그것을 '형용사다' 혹은 '명사다'라고 단언하지 못하고
'명사에 준하는 말' 혹은 '체언에 준하는 말'로 나타내었던 것
이다.

그런데 이때 또 한 가지 주목해야 할 점이 있다, 그것은 (1
나)의 '새로운'에 대해, 그것이 가진 두 개의 양립 불가능한 속
성 중에서 어느 하나만을 취해 '명사 상당어'라고 이름을 붙인
점이다. 여기에 대해서는 두 가지 물음이 있을 수 있다. 하나는
왜 하필 '명사 상당어'인가 하는 점이다. '형용사 상당어'라고
하면 안 되는가? 다른 질문 하나는, 왜 양립 불가능한 두 가지
속성을 다 담아 내지 못하고 어느 한 쪽만을 두드러지게 나타
내는 표현을 사용했는가이다. '형용사-명사 중간범주'와 같은
명칭은 불가능한가?

먼저 첫 번째 질문에 대해 검토해 보자. 앞서 말한 바와 같이
'상당어'는 '~에 준하는 말'이라는 뜻을 갖는다. 그러한 관점에
서 만일 (1나)의 '새로운'을 '형용사 상당어'라고 한다면 그것
은 '새로운'이 겪고 있는 문제 상황을 제대로 대변해 주지 못
할 것으로 보인다. '새로운'은 엄연히 형용사인데, 그것의 실제
쓰임이 '형용사'라는 품사의 분포적 속성이 아닌 다른 부류(이
때는 '명사')의 그것을 따르기 때문에 문제가 발생한 것이다.
이때 '명사 상당어'라는 명칭은, '형용사'인 '새로운'이 경험하
는 문제적 상황을 적시한 것이 되겠지만, '형용사 상당어'는 문
제 상황을 겪고 있는 대상의 본래적 속성만을 다시 지루하게

절에서 다시 자세히 논의할 것이다.

보여 줄 뿐이다. 따라서 상당어의 의미가 그러하고, 그래서 굳이 하나의 특징만을 택해야 한다면 무표적인 것보다는 유표적인 것을 택하는 것이 좀더 의의가 있을 것이다.

이제 두 번째 물음을 살펴볼 차례이다. 그것은 왜 (1나)와 같은 국면에 대해 편향적인 이름처럼 보이는 '상당어'라는 용어를 사용했는가 하는 점이다. 그것은 아마도 선학들의 관심이 '조사 및 '이다'의 선행 성분'을 뛰어넘어 언어단위의 일반적인 개념 연쇄에 불확정성을 야기하는 일련의 언어단위들에 대한 체계적인 접근으로까지는 이르지 못했기 때문일 것이다. 그 결과 '상당어'는 독립적인 언어단위의 한 부류에 대한 이름이 아니라 임시적인 명칭으로서10) '조사 및 '이다'의 선행 성분'을 언급할 때 주로 쓰이게 된 것이다.

또한 이러한 이유로 선학들은 상당어라는 용어를 만들어 썼을 것으로 보인다. 왜냐하면, 상당어는, 불확정성을 야기하지 않는 일반적인 언어단위에 기대어 정의되는 방식을 취하기 때문이다. 즉, (1나)의 '새로운'은 '명사 상당어'로서 '명사에 준하는 말'인 것이다. 만일 상당어에 속하는 여러 종류의 언어단위들을 종합적으로 고찰하여 체계적으로 논의해 왔다면 지금쯤을 아마도 다른 방식을 취하는 용어 체계를 사용하고 있었을지도 모른다. 다시 말해, (2)로 대표되는 기존의 언어단위들과 구별되는 또 다른 단위와 용어 체계를 창안해 내었을 수도 있다.

---

10) 엄정호(1989: 120-122)나 대동문화연구원(1991: 70)에서는 이러한 잘 측면이 드러나 있다.

그렇다면, 이러한 한계를 가진 상당어라는 용어를 본고의 관점에서 계속 사용해도 좋을까? 결론부터 말하자면, 현재의 시점에서 더 나은 것이 없는 한 '상당어'라는 용어를 계속 사용할 수밖에 없을 것 같다.

새로운 용어의 창조는 쉽지 않으며 각별한 주의를 요한다. 예컨대, 앞서 잠시 언급한 '형용사-명사 중간범주'와 같은 것은 용어로 쓰기에는 응축적이지 못할 뿐만 아니라 불필요한 오해까지도 불러일으킬 수 있다.11)

치명적인 약점이 없다면 상당어라는 용어를 살려 쓰는 것이 좋다. 자꾸 용어를 만들어 내는 것만이 능사는 아니며, 선학들의 지혜를 알뜰히 계승한다는 측면에서도 그것은 바람직한 일이다.

상당어라는 종전의 용어를 원용하지만 그 개념만은 (4가)처럼 명확히 규정해 줄 필요가 있다. 그리고 '명사 상당어'나 '형용사 상당어'에서처럼 '상당어'가 '명사'나 '형용사'라는 일반적인 언어단위들에 의지하는 명칭이어서 좀 아쉬운 측면이 있기는 하지만, 오히려 그것이 현재의 시점에서는 더 도움이 될 수도 있다. 즉, '불확정성을 야기하는 언어단위'에 대한 체계적인 연구는 아직 그 초창기에 있다. 따라서 그것을 소개하는 과정에서는, 새로운 개념을 새로운 용어로 설명하는 것보다, 기

---

11) 즉, (1나)의 '새로운'은 '형용사와 명사가 미분화된 어떤 지점에 있는 언어단위'이거나 '형용사와 명사의 속성을 모두 가진 언어단위'가 아니다. 그것은 어휘부상으로서는 형용사인데 통사부상으로서는 명사인 것이다. 즉 그것은 공시적으로 어휘부 정보와 통사부 정보가 불일치하는 경우이다. 본고에서는 이를 '공시적 연속성'에 불확정성이 발생한 경우로 분류한다.

존의 친숙한 개념들을 통해 이야기하는 것이 이해를 도모하는 데 더 나을 수 있다. 물론 논의가 진행되면서 상당어의 전모가 더욱 확연히 드러나게 되었을 때 우리는 문법단위의 체계를 전면적으로 수정하면서 상당어라는 용어마저도 완전히 새로운 어떤 것으로 대체할 수도 있을 것이다. 불필요한 오해와 부정확한 기술을 줄이기 위해서 말이다. 상당어라는 용어는 그때까지만 유용한 것으로 사용하기로 한다.12)

한편, 3절에서 살펴볼 것이지만, 불확정성을 가진 언어단위는 문법 전반에 걸쳐 폭넓게 분포하고 있다. 그것은 하나의 형태소나 단어일 수도 있고 구나 문장일 수도 있다. 형태소로부터 문장에 이르기까지 폭넓게 분포하고 있는 이러한 언어단위들은 그것의 실제 쓰임에 있어 기존의 형태론과 통사론의 단위 정의 가운데 어느 한쪽에 일방적으로 흡수될 수 없기에 문법 기술을 어렵게 만든다. 그래서 그들은 해당된 논의에서 예외적인 것으로 다루어지기 일쑤였다. 그러나 본고의 제안에 따른다면, 그들은 모두 불확정성을 야기한다는 점에서 '상당어'라는 개념 하에서 하나의 부류로 묶일 수 있다. 이러한 측면에서 상당어라고 하는 범주 설정은 적지 않은 의의를 갖는다. 그렇다면 이제 문제는 불확정성을 보이는 언어단위들을 찾아 그것들을 체계화하는 작업이다. 3절에서는 언어 현장에서 목격되는 여러 사례들을 구체적으로 논의할 것인데, 이에 앞서 본

---

12) 가장 바람직한 용어는 양립 불가능한 두 개의 속성을 공평하게 다 나타낼 수 있는 것일 게다. 이러한 관점에서 '확대범주'와 같은 용어도 적합해 보이지 않는다. 그것도 '명사의 확대범주'와 같이 어느 한 쪽을 부각할 수밖에 없는 것이기 때문이다.

장의 남은 부분에서는 그러한 언어단위들의 체계를 미리 제시해 보기로 한다.13)

상당어는 우선 어휘부의 등재 여부에 따라 '등재 상당어'와 '비등재 상당어'로 구분할 수 있다. 전자는 어휘부에 등재되어 있는 것을, 후자는 그 자체로는 어휘부에 등재되지 않았지만 하나의 언어단위로 간주될 만한 것을 말한다. 다음으로 시간성에 따른 분류가 요구된다. 상당어 중에는 공시적 차원에서 불확정성이 논의되는 것이 있는가 하면, 통시적인 고려까지도 필요한 것이 있다. 전자를 '공시 상당어', 후자를 '통시 상당어'로 부른다. 마지막으로, 기능에 의한 분류가 가능하다. 이것은 상당어가 어떤 문법형식 노릇을 하느냐를 따지는 것이다. 생각하기에 따라 이를 '범주의 크기'에 따른 분류 기준이라 볼 수도 있겠지만, 그것의 기능에 따라 문법형식을 결정하게 되겠기에 '기능'이라 하는 것이 더 적합할 듯하다. 일단 단어를 기준으로 '단어 상당어'와 '비단어 상당어'로 나누기로 한다. 전자는 명사 상당어, 동사 상당어, 형용사 상당어, 등으로 세분되며, 후자에는 단어보다 큰 문장 상당어나 구 상당어, 단어보다 작은 어근 상당어나 어미 상당어, 조사 상당어14) 등이 있다. 이제 이러한 분류 기준으로 상당어의 체계를 보이면 다음과 같다.15)

---

13) 김의수(2005)에서는 불확정성의 유형에 따라 상당어들을 분류하고 있으나 지금 이 논문(김의수, 2002)에서는 통상적인 기준에 의거하여 상당어들의 분포를 보이고 있다. 이 또한 나름대로 의미가 있는 것이므로 원본 그대로 진행하기로 한다.

14) 본고에서는 '조사'를 '어미'와 같이 단어 미만의 단위로 간주한다.

15) (5)의 '비등재 상당어'는 모두 '공시 상당어'에 해당한다.

(5) 상당어의 체계

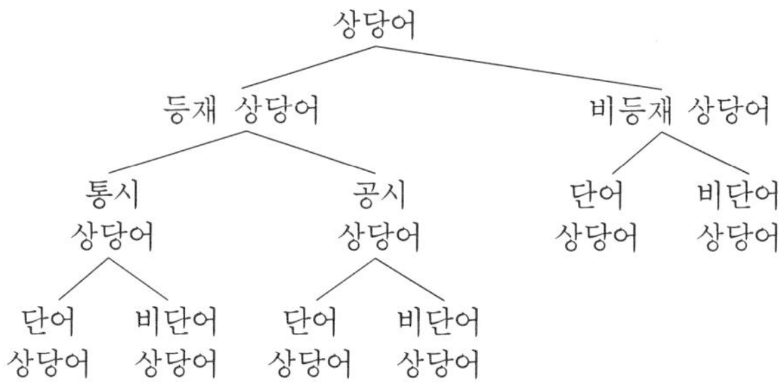

　이제까지 상당어의 정의와 체계, 그리고 불확정성의 개념에 대하여 살펴보았다. 이어지는 3절에서는 불확정성을 야기하는 언어단위들의 구체적인 사례들을 고찰함으로써 2절에서 제안한 상당어라는 언어단위 설정의 필요성을 입증하도록 한다.

3. 불확정성을 야기하는 언어단위들

　본 장은 세 절로 구성되는데, 시간성을 기준으로 할 때, 3.1.절과 3.2.절은 공시 상당어의 예들이고, 3.3.절은 통시 상당어의 예이다. 등재성을 기준으로 할 때 3.1.절과 3.3.절의 예들은 등재 상당어에 해당하며 3.2.절의 예들은 비등재 상당어에 해당한다. 기능에 의한 구분은 상당어의 체계 (5)에서 보이듯 분류의 최하위에 속하므로 각 절에서 개별적으로 논의될 것이다.

3.1. 공시-등재 상당어

3.1.1. 구적 관용어

등재소란 어휘부에 등재되어 있는 언어단위를 말하는 것으로 보통 통사원자와 그 외연이 비슷하게 겹친다.[16] 그러나 그 둘이 완전히 일치되지는 않는다. 즉, 등재소에는 통사원자보다 작은 것과 큰 것이 존재한다. 전자에는 파생접사와 어근이 속한다. 반면 숙어 혹은 관용어(idiom)는 후자의 대표적인 예이다.

> (6) 가. 난 이번 필기시험에서 <u>미역국을 또 먹었어</u>.
>
> 나. 철수가 1등을 하자 영희는 <u>배가 매우 아팠다</u>.

(6)에서 '미역국을 먹다', '배가 아프다'는 국어의 전형적인 구적 관용어(phrasal idiom)로서 여느 구와 같이 행동하지만 의미적인 면에서는 합성성을 준수하지 않으므로 그 의미를 구성 성분들로부터 예측할 수가 없다.[17] 따라서 그것은 어휘부에 명시되어야 하지만, 통사적으로까지 원자인 것은 아니다.(박진호 1999: 333).

---

16) 이미 많은 논의에서 지적되어 온 것처럼 전통적인 단어 정의에는 음운론적 개념과 통사론적인 개념이 뒤섞여 있었다.(박진호, 1999: 328-9). Di Sciullio & Williams(1987)과 박진호(1994)는 이와 같은 혼질적인 단어 개념을 통사원자(syntactic atom)와 음운론적 단어(phonological word)로 해체할 것을 주장하였다. 통사원자는 통사부 연산의 기본 요소로서 어휘부에서 출력된다. 이 때 생각해 볼 것은 등재소(listeme)와 통사원자 간의 상관관계이다.

17) 최경봉(1992: 41)은 '구적 관용어'는 의미적으로 합성성 원리를 준수하지 않으며 통사부에서 "대치, 수식어 삽입, 화제화 변형, 피·사동화, 생략' 등의 통사 규칙에 가시적임을 논증한 바 있다.

그렇다면 구적 관용어의 위상은 무엇인가? 그것은 일반적으로 어휘부 등재소에 대해 요구되는 '어휘 고도 제약' 및 '원자성'을 위반하고 있다. 따라서 다른 등재소들과 달리 그 생성과 해석에 있어서 그들만을 위한 특별한 기제나 설명을 요구하게 된다. 예컨대, Di Sciullio & Williams(1987: 79)에서는 구적 관용어는 '등재된 통사적 구(listed syntactic phrase)'라는 예외적인 설명만을 하고 있고, 최경봉(1992: 65-68)에서는 '구조 회복의 원리'를 통해 등재소인 '구적 관용어'가 통사부에서 가시적으로 된다고 설명하고 있다. 그러나 이와 같은 설명은 어디까지나 등재소의 일반론에 비추어 볼 때 예외적인 처리일 수밖에 없고 그 때문에 관용어는 다른 등재소와는 다른 특이한 언어단위로 간주되기 쉬운 것이다.

구적 관용어가 특이하다고 보이는 이유는 그것이 '등재소'인 동시에 '통사적인 구'이기 때문이다. [통사단위]와 [+저장]이라는 속성은 일반적으로 양립할 수 없다. 이는 앞 절에서 (3)을 중심으로 이미 상론한 바와 같다. 따라서 그것은 상당어에 해당한다.

(6) 외에도 다음과 같은 언어단위들 역시 같은 부류로 생각해 볼 수 있다.

(7) 가. <u>가는 날이 하필 장날이라고</u> 때마침 거기서 옛 애인을 만날 게 무어람.

　　나. 참, <u>가는 년이 물을 잘도 길어다 놓겠다.</u>

위의 두 예들(가는 날이 장날이다, 가는 년이 물 길어다 놓으랴)은 아예 문장 전체가 속담으로 굳어진 경우이다. 이들 역시 (6)과 마찬가지로 의미의 합성성이 준수되지 않아 어휘부에 저장되어 있어야 하지만 일부의 성분이 수식을 받을 수 있는 등 통사부에서 그 내부가 가시적이다.

기능의 관점에서 (6가)는 구 상당어(동사구 상당어)이고, 그밖의 (6나)나 (7가, 나)는 비단어 상당어(문장 상당어)이다.[18]

3.1.2. 어근적 단어

한편, 본래 어휘부에는 '어근'으로 등재되어 있지만 통사부에서는 자립할 수 있는 것처럼 보이는 어휘단위가 존재한다.[19] 약간의 차이를 제외하고 고신숙(1987)과 김일환(2000)에서는 단어의 구성소로 기능할 수 있는 동시에 보조사와 결합하여 문장에서 자립할 수 있는 어근들을 '어근적 단어'로 설정한 바 있다.

    (8) 가. –하다 : 비슷은 하다, 훌륭은 하다, 따뜻은 하다, …
        나. –대다/–거리다 : 버둥은 거리다/대다, 휘청은 거리다/대다, 거들먹은 거리다/대다, …

---

18) '문(장) 상당어'라는 말은 이미 김성화(1972: 137)에서 사용된 바 있다. 그는 문형을 분류하는 가운데 '감탄사'를 '文相當語'라고 한 바 있다. 그러나 감탄사는 불확정성을 야기하지 않으므로 우리의 논의에서는 '문장 상당어'에 해당하지 않는다.

19) 이때의 어근은 협의로서, 만일 '어근'을 '자립 어근'과 '비자립 어근'으로 나누는 관점에서라면 '비자립 어근'에 해당한다. '자립 어근'은 일반적인 단어에 해당한다.

김일환(2000: 223-224)에서는 이러한 어휘단위에 대해 '[+R, +W]'이라는 자질 값을 주었다. 이때 '[R]'은 '어근성 자질'을, '[W]'는 '단어성 자질'을 의미한다. 하나의 언어단위가 어근성과 단어성이라는 자질을 모두 가진다고 하는 것은 모순이다. 이에 대해 김일환(2000: 224)는 이는 오히려 어근적 단어의 속성을 그대로 표시해 주는 것이라고 하였다.

한편, 오로지 '어근적 단어'만이 이러한 양립 불가능한 자질들을 갖는다고 한다면 그것은 구적 관용어를 개별적으로 다룰 때처럼 문법체계에서 소외될 수밖에 없다. 하지만 어근적 단어 역시 그것이 야기하는 불확정성으로 인해 상당어에 포함된다고 한다면 그것은 문법체계 내에서 더 이상 예외적인 것이 아니게 된다. 기능의 관점에서 이들은 단어 상당어(명사 상당어)에 해당한다.

3.2. 비등재 상당어

본 절에서 다룰 예들은 그 자체가 어휘부에 등재되지는 않지만, 공시적으로 하나의 언어단위로 쓰인다는 공통점을 가진다. 이러한 예들은 통사부의 운용 과정에서나 단어 형성 과정에서 관찰되는 것들로서 역동적인 언어단위 운용의 한 측면을 여실히 보여준다.

3.2.1. 유일형태소

앞서 다룬 구적 관용어와 달리, 비록 그 자체가 독립되어 어휘부에 등재되어 있지 않지만 하나의 언어단위처럼 기능하는 예들이 있다.[20]

    (9) 아름답다, 오솔길, 무두질, …

-왕문용·민현식(1993: 52) [21]

위의 '아름, 오솔, 무두'는 통시적으로도 그 어원을 밝힐 수 없는 것들로서 어휘부에는 '아름답다, 오솔길, 무두질' 등이 통째로 등재되어 있다. 그러나 '-답-'이나 '길', 그리고 '-질'이 공시적으로 분석 가능하고 그들을 주축으로 형성되는 다른 어휘들과의 계열관계를 고려한다면 '아름, 오솔, 무두'를 분석해 볼 가능성이 생긴다. 그러나 그렇다고 해도 이들은 외형적으로 언어 형태로 보일지 모르지만 결코 그 정체성은 공시태와 통시태 모두를 통해서도 확인할 수가 없다. 따라서 만일 그들을 분석해 내어야 한다면 그들 역시 상당어로 볼 수밖에 없다. 즉,

---

20) 김민수(1983: 107)에서는 형태 구성인 어떤 합성형식이, 그것을 이루는 요소 가운데 "다른 어떤 合成形式에도 출현하지 않는 殘餘(remainder)를 갖는다면, 그 殘餘도 言語形式이며, 그것은 그 合成形式의 唯一要素(unique constituent)"라고 하였다. 이때 '유일요소'는 유일형태소(unique morpheme, 특이 형태소)를 뜻한다. 이익섭·임홍빈(1983: 109-110)에서도 그것을 "겨우 한 형태소하고만 결합할 수 있는 특수한 형태소"라 하고 '아름답다'의 '아름' 등을 예시했다.

21) 왕문용·민현식(1993: 52)에서는 유일형태소가 들어 있는 예로서 이들 외에도 '착하다, 부질없다; 손뼉, 손찌검' 등을 더 들고 있다.

그들은 [형태단위]이면서 [−저장]이라는 양립 불가능한 두 가지 특성을 동시에 가짐으로써 일반적인 언어단위의 개념 연쇄 (2)에 불확정성을 야기한다. 기능의 관점에서 그들은 비단어 상당어(어근 상당어)에 해당한다.

3.2.2. 연어

유일형태소와 마찬가지로, 등재성은 없지만 통사부에서 하나의 언어단위처럼 기능하는 언어단위들이 있다.

(10) 가. 우리는 그 안건에 대해서 반대하고 있다.22)

　　　나. 나는 곧 집에 갈 것이다(ㄹ 것이). 23)

---

22) 혹자는 이 대목에서 '대하−'라는 용언이 보이는 활용의 편재성을 인정하고 그것이 '−에 명사구'를 지배한다고 보는 것을 제안하였다. 그러나 다음과 같은 예들에 주목해 보자.
　（ⅰ) *우리는 그 안건에+{는/만/도/조차, …} 대해서 반대한다.
　（ⅱ) *그 나라가 침략자에+{는/만/도/조차, …} 의해서 짓밟히고 있다.
　이와 같은 자료가 보여주는 것은, '대하−, 의하−' 등의 용언이 그것이 지배하는 선행 성분과 매우 긴밀하여 그 사이에 보조사가 오는 것조차 불허한다는 점이다. 이러한 현상을 다만 '관련 용언의 활용의 편재성'에 기대어 설명할 수는 없을 것이다. 그러한 활용의 편재성은 오히려 문법화에 의한 것일 수 있다. 실제로 박승윤(1997: 65)은 '에 의해서'를 문법형태화한 일종의 복합 후치사로 다룰 것을 제안한 바 있다. 따라서 저자는 이 시점에서 '대하−'나 '의하−' 등의 용언 중심의 문법 기술보다는 '에 대해'나 '에 의해'라는 언어단위를 중심으로 한 문법 기술이 더 타당하다고 생각한다.
23) 성기철(1970)에서는 국어의 경험과 추정을 나타내는 범주 가운데 하나로 '−겠−'과 '−ㄹ 것이−'를 비교하고 있다. 그는 '−ㄹ 것이−'가 그 각각의 형태소로 분석될 수 있음을 언급하였다. 그러나 그것은 분명 서법을 나타내는 하나의 어미로 현재 문법형태화의 과정에 있다고 생각된다. 우리의 입장에서는 이러한 문법화의 과정에 있는 언어단위들 또한 상당어로 간주할 수 있다.

위의 예들은 연어(collocation)에 해당하는 것으로서, 그 전체가 어휘부에 통째로 등재되어 있지는 않지만 통사부에서 공기(共起)함으로써 마치 하나의 언어단위처럼 기능한다.24) 이들은 공시적으로 하나의 [형태단위]처럼 기능하면서도 어휘부에는 두 개 이상의 다른 어휘 단위로 등재되어 있다는 점([-저장])에서 모순적인25) 속성을 가진다. 따라서 이들도 상당어라고 하겠다. 이들은 그 기능을 중심으로 볼 때 모두 비단어 상당어에 해당하는데 특히 (10가)는 조사 상당어에, (10나)는 '어미 상당어'에 해당한다.

3.2.3. '이다'와 조사의 선행 성분

(11) 가. 서울이 <u>여기까지</u>입니다. 여기부터는 경기도지요.
　　　나. 우리가 목적지에 도착한 것은 <u>새벽 두 시가 가까워서</u>입니다.
　　　다. 다음 빈 칸에 들어갈 말은 <u>'새로운'</u>입니다.
　　　　　-남기심·고영근(1987: 243) / 밑줄은 저자(이하 동일).
(12) 가. 철수는 <u>학생이다.</u>

---

24) 연어에 관해서는 최근에 나온 종합적인 연구인 김진해(2000)를 참고할 수 있다. 혹자는 관용어와 연어의 차이가 무엇인지를 물었는데, 김진해(2000: 29-31)를 참고하여 답하자면, "관용어는 두 구성 요소를 합하여 어떤 비유적인 의미를 생성하기 때문에 전체로서 다의화한 것"인 반면, 연어는 "단지 한 요소가 다른 요소를 제한적으로 요구함에 따라 생기는 어휘들 간의 제한적인 공기 관계"라고 할 수 있다. 물론 연어와 관용어 사이에서 갈피를 잡지 못하게 하는 예들이 있음도 사실이나, 일단 연어는 관용어와 구별되는 범주라는 것만은 분명한 듯하다.

25) 상당어를 정의하면서 '양립 불가능한'이나 '비양립적'이라는 용어를 썼다. '모순적'이라는 말도 같은 맥락에서 이해할 수 있다.

　　　　나. 그가 서울에 도착한 것은 <u>한 시간 지나서</u>입니다.
　　　　　　－대동문화연구원(1991: 70)
　　(13) 문제가 된 것은 <u>여기서부터</u>이다. －안명철(1995: 32)
　　(14) 가. 그가 합격한 것은 <u>열심히 공부해서</u>이다.
　　　　나. 그는 떠난 지가 <u>오래</u>이다.
　　　　다. 입학은 영희보다 철수가 <u>먼저</u>이다.
　　　　라. 그 범인이 잡힌 것은 <u>자기 방에서</u>이다.
　　　　　　－엄정호(1989: 120-121)

(11)~(14)는 모두 '이다' 구문인데 우리가 주목하고자 하는 것은 '이다' 앞에 선행하는 언어단위들이다.

'이다' 앞에는 (12가)에서 보이듯 통상 '명사'가, 더 정확히 말해서 '명사구'가 오는 것으로 알려져 있다. 그러나 (11가, 13, 14라)에서처럼 '부사구'가[26) 오기도 하고 (11나, 12나, 14가)와 같이 '절(clause)'이 오기도 하며 때에 따라 (14나, 다)와 같이 '부사'가, (11다)처럼 '형용사'가 출현하기도 한다.[27)

이들이 문제가 되는 것은 어휘적 범주와 통사적 범주가 일치하지 않기 때문이다.

---

26) 만일 시정곤(1994)처럼 모든 조사의 범주를 'N'으로 본다면, (11가, 13, 14라)는 고려의 대상이 되지 못할 것이다. 즉, 그렇게 되면 '부사구'라 한 것들이 모두 '명사구'가 되어 버리기 때문이다.

27) 남기심·고영근(1987: 243)에서는 이와 같이 비교적 특수해 보이는 '이다' 선행 성분을 '체언 구실을 하는 말'이라 했고 대동문화연구원(1991: 70)에서는 '임시로 체언 구실을 하는 말'이라 하였으며 안명철(1995: 32)에서는 '명사상당어구'로, 엄정호(1989: 120-122)에서는 '임시로 범주를 전환해서 명사(구)의 자격으로 출현한 것'이라 보았다. 이남순(1999: 49)에서도 "'이다' 앞에서는 비구조적인 성분 연쇄까지도 명사 상당의 요소로 쓰이는 것이 허락된다"고 한 바 있다.

통상적으로 어휘부 속성이 통사부에 그대로 계승되는 것은 너무도 기본적이고 매우 중요한 일이다. 이를 위해 생성문법에서는 투사원리(Projection Principle)를 설정하기도 한다. 그러나 경우에 따라 타고 태어난 범주를 떠나 다른 범주로 쓰이는 경우가 있다. 이를 위해서 문법은 형태론적 절차와 통사론적 절차를 마련해 두고 있다. 전자는 어휘부에서 일어나는 접사에 의한 품사 파생이고, 후자는 어미를 통한 품사 전성이다. 예컨대, 동사나 형용사가 통사부에서 명사처럼 쓰이고자 한다면 그것은 '-음'이나 '-기'와 같은 명사형 어미를 취하거나 '-는 것'과 같은 우언적인 형태를 통사부에서 취해야 한다. 그러나 위의 예들은 그러한 절차를 무시하고 갑자기 명사의 분포에 나타난 것이다. 이것은 분명히 일반적인 문법단위의 질서를 거스르는 것처럼 보인다.

조사 선행 성분 역시 마찬가지의 양상을 보인다.

> (15) 가. <u>노래하고 춤추고</u>가 그의 일과이다
>   -엄정호(1989: 120-121)
> 나. 거기에 들어갈 올바른 말은 <u>매우</u>가 아니라 <u>퍽</u>이다.
> 다. 그 문장에서는 <u>작다</u>를 <u>적다</u>로 고쳐야 한다.

(15가)에서는 '절'이, (15나)에서는 '부사'가, (15다)에서는 '형용사'가 조사 앞에 오고 있다.

이미 2절에서 자세히 논의한 바와 같이 이들은 어휘부의 '품사 정보'와 통사부의 '분포 정보'가 불일치하는 예들로서 상당

어 자격이 충분하다. 기능의 관점에서 이들은 모두 비단어 상
당어(명사구 상당어)에 해당한다.

3.2.4. 임시어와 잠재어

단어 형성의 과정을 거쳤지만 어휘부에 등재가 되지 않는
경우들이 있다.

(16) 가. 서로 좋아하는 그들은 마음이 통한다.
　　　나. 홍길동님, 길동이
　　　다. 주러시아 대사, 대북한 포용, 탈코소보 행렬
　　　라. 김소월류, 서울행, 미국제
　　　　　-송원용(2000: 7, 9, 11, 12)

위의 예들은 각기 '-들, -님, -이; 駐-, 對-, 脫-; -流, -行, 製'와
같은 접두사 혹은 접미사가 붙은 파생어들인데 그 파생이 매
우 생산적이다.

　송원용(2000: 4)은 이러한 단어를 '임시어'라 부르고 그것의
정의 및 식별 기준을 다음과 같이 제시하였다.[28]

---

28) 송원용(2000)에서 제시한 임시어 형성 접사들의 목록은 다음과 같다.
　<임시어 형성 접사>
　　가. 고유어계: -들, -님(인명 뒤), -이(인명 뒤)
　　나. 한자어계:
　　　① 접두사: 주(駐), 대(對), 반(反), 재(在), 친(親), 탈(脫)
　　　② 접미사: 가(哥), 령(領), 류(流), 씨(氏), 행(行); 가(家), 공(公), 산(産),
　　　　　식(式), 양(孃), 옹(翁), 제(製)

(17) 임시어란 통사적 원리를 지키지 않는 형태론적 구성으로
　　　서, 그 결합이 매우 생산적이어서 어휘부에 저장되지 않는
　　　단어를 말한다.

그는 일반적인 단어 형성이 통시적인 반면, 이러한 단어 형성은 공시적인 현상임을 강조하면서 임시어의 '공시적 생산성'과 '비저장성'은 임시어만 가지는 특성이 아니라 "대부분의 통사적 결합체가 공통적으로 가지는 특성"(p.5)이며, 따라서 "임시어를 형성하는 것은 공시 문법의 일부이며, 그러한 절차가 문장을 생성하는 절차와 동궤의 것"(pp.13-14)이라고 하였다.

그의 논의대로라면 임시어 역시 문법체계 내에서 매우 예외적인 언어단위로 취급될 수밖에 없다. 단어 형성 절차를 거쳤지만 어휘부에 등재되지 않고, 통사적 결합체와 마찬가지로 '공시적 생산성'과 '비저장성'을 가졌지만 형태론적 절차에 포섭된다고 보아야 하기 때문이다. 따라서 임시어는 전형적인 단어라고 할 수도 없고 그렇다고 해서 통사부의 산물이라고도 말할 수 없는 이상한 지위를 갖게 된다. 그렇다면 임시어 역시 불확정성을 야기하므로 상당어에 포섭될 수 있다. 기능의 관점에서 보면 그것은 단어 상당어(명사 상당어)에 해당할 것이다.

한편, 합성어를 형성한 일부 요소가 공시적으로 단어의 자격을 가지지 못한 경우가 있다.

  (18) 갈림길, <u>생김</u>새, …

밑줄 그은 말들은 그 자체로는 통사부의 요소로 취급될 만하지만 단어 전체와의 관계에서 보면 단어 형성의 구성 요소로 간주할 수밖에 없다. 다시 말해, 단어 형성이라는 형태론적 관점에서 보자면 이들은 모두 명사(잠재어)라고 해야 하지만 실제로 그들은 공시적으로 용언 활용형(명사형)에 지나지 않는다. 따라서 밑줄 그은 말들은 '명사'이자 '명사형'이라는 모순적인 속성을 내포한다. 달리 말하면, 이들은 [통사단위]와 [형태규칙]이라는 양립 불가능한 속성을 내포하는 상당어로 볼 수 있다. 기능의 관점에서 이들은 단어 상당어(명사 상당어)라고 할 수 있다.

3.3. 통시-등재 상당어

3.1.절과 3.2.절에서 논의된 언어단위들이 모두 공시적인 차원에서 문제가 되는 예들이라면, 이제 살펴볼 것은 통시적 차원이 매우 중요하게 고려되는 경우이다.

통시적으로는 그 어원을 가늠할 수 있지만 공시적으로는 분석하기가 매우 어려운 형태의 경우 그것을 화석(송철의 1993)이나 공형태소(시정곤 2000)라고 불러 왔다.29)

---

29) 공형태소의 개념 및 범위에 관한 최근까지의 논의들에 대해서는 시정곤 (2000)을 참고할 수 있다.

(19) 가. 안팎 : '안ㅎ' + '밖'
　　　나. 새롭다 : '새' + '롭'
　　　다. 그믐 : '그믈-' + '음'
　　　　　-송철의(1993: 352-369) / 밑줄은 저자.

송철의(1993: 359-363)에서는 위의 예들에서 '안ㅎ, 새, 그믈-'은 공시적으로 인정할 수 없고 통시적인 정보가 주어졌을 때에 비로소 이해할 수 있는 '화석'이라 하였고, 그것을 포함한 전체 단어를 '화석형'이라고 불렀다.[30] 특히 (19나)의 '새'는 공시적으로는 '관형사'이지만 통시적으로는 '명사'였다고 할 수밖에 없다.

　시정곤(2000: 161-164)은 문법형태의 소멸화 과정이라는 개념과 함께, 이러한 '화석'의 개념을 좀더 세분화하여 설명하고자 한다. 그리고 그 과정에서 다음과 같이 언급한다.

(20) 가. 형태 분석은 공시태를 전제로 가능하며, 형태소는 공시
　　　　　적인 체계 내에서 설정이 가능하다.(p.160).
　　　나. (어떤 A+B의 결합에서 공시적으로) 확인 불가능한 B는
　　　　　형태소로 인정될 수 없다. 따라서 공형태소도 형태소의
　　　　　일종이라는 점을 생각하면 형태소로 인정될 수 없는
　　　　　형태에 형태소의 자격을 주었으니 이것은 모순이 아닐
　　　　　수 없다.(p.161).
　　　다. (공형태소를 문법형태 소멸화 과정으로 이해할 때) 공

---

30) 송철의(1993: 362)에서는 '화석'의 형성과 관련하여 "화석화란 어떤 구성체의 구성 요소가 독자적으로는 변화를 입었지만 구성체 속에서는 변화를 입기 전의 상태를 유지하고 있거나 그 흔적을 남기는 현상"이라고 하였다.

> 형태소는 소멸화 과정 속에 나타나는 '과도기적 형태'
> 가 되며 공시적인 입장으로는 '화석'이 된다.(p.162).

결국 (20)이 의미하는 바는, 공형태소 혹은 화석으로 불리는 언어단위가 통시태에서 불연속적이라는 점이다. 즉, 그것이 '공시태n-1'에서 가졌던 지위가 '공시태n'의 그것과 다르다는 것이다. 따라서 이것은 [통시적 연속성]이라는 일반적 정의로 하여금 불확정성을 지니도록 만든다. 화석도 상당어의 한 종류가 되는 것이다.

기능의 관점에서 (17)은 모두 단어 상당어에 해당한다. 좀더 구체적으로, (17가, 나)의 '안ㅎ, 새'는 명사 상당어로[31], (17다)의 '그믈-'은 동사 상당어로 볼 수 있다.[32]

---

31) '새롭-'에서의 '새'를 명사 상당어로 보아야 하는 이유는, '-롭-'이 관형사와 결합하는 일이 없고, 중세국어에서 이 '새'가 명사로도 기능하였다는 것 때문이다. -송철의(1993: 357) 참고.

32) 이러한 통시적인 차원의 분석이 가능한 이유는 적어도 연구자의 머리 속에 통시적인 어휘 정보(안ㅎ, 새, 그믈-)가 존재하기 때문이다. 이러한 정보가 배제된 어휘부를 가진 현재의 일반 언중들은 (19)의 예들을 분석해 낼 수 없을 것이다. 그러나 분명한 것은, 현재의 연구자 머릿속에 표상된 이러한 정보가 (19)의 단어들이 형성된 과거의 어느 시점에서는 당시 언중들의 어휘부에 분명히 등재되어 있었을 것이라는 점이다. 그러한 이유로 본고에서는 화석이라는 통시 상당어를 등재 상당어로 분류하고 있는 것이다.
한편, 화석은 앞서 비등재 상당어로 분류된 '유일형태소'와는 구별된다. 이미 언급한 대로 유일형태소는 통시적으로도 그 어원을 가늠할 수 없는 것이기 때문이다. 그러나 국어사 연구의 진척에 의해 '유일형태소'로 분류되었던 것들이 화석으로 재인식될 수 있는 가능성은 언제나 열려 있다고 보인다.

4. 요약 및 남은 문제

이상으로 우리는, 불확정성을 야기하는 상당어의 개념과 체계, 그리고 그것을 입증해 주는 구체적인 사례들을 고찰해 보았다. 본 절에서는 본문의 내용을 간략히 정리하고 남은 문제 및 본고의 의의에 대해 논의하고자 한다.

상당어와 불확정성의 개념은 2절에서 자세히 다루었으며 그것을 정리하면 다음과 같다.

(21) 상당어: 언어단위에 대한 일반적인 개념 연쇄에 비추어 볼 때 양립 불가능한 두 가지 개념을 동시에 가지는 언어단위.33)

(22) 불확정성: 그것을 구성하고 있는 어떤 두 개의 개념에 대해 그들이 언제나 인과관계를 형성한다거나 형성하지 않는다고 단언할 수 없는 개념 연쇄의 속성.

3절에서는 상당어들을 '시간 차원, 등재 차원, 기능 차원'의 세 가지 측면에서 살펴보았다. 이들 세 차원은 상당어를 체계적으로 분류하는 기준이 된다. 다음은 이러한 분류 기준과 그에 해당하는 구체적 사례들을 연결해 본 것이다.

---

33) 상당어의 이러한 속성은 언어단위에 대한 일반적인 개념 연쇄에 불확정성을 야기한다.

(23) 상당어의 체계와 그 사례

	등재	시간	기능	해당 사례	
				(가)	(나)
상당어	비등재 상당어	공시 상당어	단어 상당어	유일형태소	명사 상당어
				임시어와 잠재어	명사 상당어
			비단어 상당어	'이다'와 조사의 선행성분	명사구 상당어
				연어	조사 상당어 어미 상당어
	등재 상당어	공시 상당어	단어 상당어	어근적 단어	명사 상당어
			비단어 상당어	구적 관용어	동사구 상당어, 문장 상당어
		통시 상당어	단어 상당어	화석	명사 상당어, 동사 상당어
			비단어 상당어		

표 (23)은 다소 복잡해 보일 지도 모르나, 예컨대 '유일형태소'
는 '비등재-공시-단어 상당어'에 해당한다고 읽으면 된다. 다
만, 이 표에서 '등재-통시-비단어 상당어' 칸이 비어 있는데 그
것은 체계상의 우연한 공백이 아니라 저자의 관찰의 한계에서
비롯된 것일 확률이 높다.

한편, 상당어에 대한 연구는 순수 이론적인 측면에서뿐만
아니라, 사전 편찬이나 자연언어처리 등과 같은 응용 분야에서
도 의의를 갖는다. 예컨대, 도원영(2000: 58-61)에서는 사전 편
찬에서 '호박씨를 까다, 가는 말이 고와야 오는 말이 곱다'와

같은 ‘구절’이나, ‘~에 대한’과 같은 “문법적 어휘의 결합형” 등을 모두 “사전적 단어”로 고려하고 있다. 그러나 그러한 표제어의 범주 명칭으로 “구절”이나 “문법적 어휘의 결합형”이 적합하지 않다고 할 때, 본고에서 제안한 상당어가 그 대안이 될 수 있을 것이다. 한편, 임해창 외(2001: 14)에서는 한국어의 구문 태그 부착 말뭉치 도구 개발에 있어 관련 도구가 ‘-ㄹ 수 있-’과 같은 “복합용언구”를 인식해야 함을 논의하였다. “복합용언구”라 불린 그러한 언어단위들 역시 본고의 관점에서는 상당어, 구체적으로는 ‘어미 상당어’에 해당한다. 이들을 임시적이고도 애매한 범주로 다루기보다는 본고에서 제안한 상당어라는 개념 하에서 체계적으로 논의하는 것이 좀더 바람직할 것이다.

Ⅳ. 결론

이 책에서는 문법에 관한 5가지 연구 방법론을 논의했다. ‘형식적인 문법’, ‘보편적인 문법’, ‘객관적인 문법’, ‘교차적인 문법’, ‘비단선적인 문법’ 들이 그것이다. 이들은 각기 독립적인 주제들이기도 하지만 문법 연구의 단계에 비추어 볼 때 상호 연관이 되어 있음을 알 수 있다. 즉, 앞의 세 개는 연구 결과를 도출하는 과정과 연관이 있고, 나머지 두 개는 연구 결과를 해석하는 절차와 관련이 된다.

연구 결과를 도출하는 과정이란, 어떤 특정한 문법 현상에 대해 우선 그것의 배후에 있는 원리가 무엇인지를 캐내는 과정을 말한다. 그것은 문법 연구의 ‘목표’를 설정하는 단계와 연구의 이론적 ‘도구’를 채택하는 단계, 그리고 구체적으로 검토할 연구 ‘자료’를 고르는 단계로 세분된다. 이때 ‘형식적인 문법’은 ‘목표’ 설정의 단계와 연결되고 ‘보편적인 문법’은 ‘도구’ 채택의 단계에서, 그리고 ‘객관적인 문법’은 ‘자료’를 선정하는 단계에서 고려된다.

한편, 그렇게 해서 캐낸 원리가 그 자체로서가 아닌 문법의 더 큰 차원에서는 어떻게 해석될 수 있는지, 즉 문법의 전체적인 이론 체계 내에서 그것이 갖는 위상이 무엇인지를 음미하는 과정이 존재하는데 그것이 바로 연구 결과를 해석하는 과정이다. 이는 이론적 차원과 단위적 차원으로 나누어 생각해 볼 수 있다. 이때 ‘교차적인 문법’은 전자와 관련되고 ‘비단선적인 문법’은 후자와 연관이 된다.

‘연구 목표’의 설정은, 문법 연구 결과의 도출 과정 중 첫 단계에 속한다. 여기서 저자는 ‘형식적인 문법’의 중요성을 강조했다. 형식적인 문법이란 '왜'가 아닌 '어떻게' 중심의 문법 연구를 뜻한다. 그리고 이러한 관점에서 한국어의 청자대우법 어말어미 교체를 통제하는 '형식적인 문법'을 도출해 보았다.

문법 연구는 인간의 언어능력에 대한 탐구이다. 인간에게 '언어능력이 있다'는 것은 인간이 '언어체계의 구성과 운용의 원리를 알고 있다'는 말이다. 이러한 앎을 '언어지식1'이라 부른다면 '언어지식1'은 곧 '언어능력'을 가리키게 된다. 한편, 문법 연구의 결과로 얻어지는 지식을 '언어지식2'라고 할 때 그것은 궁극적으로 '언어지식1'을 지향해야 할 것이다. 이 시점에서 '왜' 중심의 연구와 '어떻게' 중심의 연구를 고려해 본다면, 후자의 연구 결과가 '언어지식1'에 더 가까울 것이다. 전자는 언어능력의 존재 이유를, 후자는 언어능력의 작동 원리를 묻기 때문이다. '어떻게'보다 '왜'라는 질문이 더 크고 본질적인 것처럼 보일지라도 '어떻게'를 모른 채 '왜'를 묻는 것은 공허하며, 반증가능성의 측면에서도 '어떻게'라는 질문이 더 과학적이고, 한국어 교육이나 자연언어처리와 같은 실용적인 관점에서도 '어떻게' 중심의 연구 결과가 더 유용하다. 청자대우법의 어말어미 교체에 관해서도 종전까지는 '왜' 그러한 교체 현상이 발생하게 되었는가에 중점을 두어 왔지만, 이 책에서는 '어떻게' 그러한 교체가 이루어지고 있는가에 초점을 맞춰 논의해 보았다. 이를 통해 '왜' 중심의 문법 연구보다 '어떻게' 중심의 문법 연구가 대우법 등급 교체에 대한 실질적인 언어지식을 더 잘 드러내 줌을 볼 수 있을 것이다.

　문법 연구 결과의 도출에서 두 번째 단계는 연구의 ‘이론적 도구’를 채택하는 것이다. 여기서 저자는 ‘보편적인 문법’의 중요성을 강조했다. 보편적인 문법이란 언어의 개별성과 보편성을 균형 있게 추구하는 문법 연구를 뜻한다. 그리고 이러한 관점에서 한국어의 격 허가 문제를 다루어 보았다.

　문법 연구는 개별언어에 대한 관심과 그에 대한 구체적인 기술로부터 시작한다. 그러나 그것은 학문의 다른 영역에서와 마찬가지로 궁극적으로는 언어의 일반적인 속성, 즉 언어의 본질이 무엇인가를 밝혀내는 데에 도달해야 한다. 따라서 한국어를 올바로 구명한다는 것은 곧 그것이 가진 개별성과 언어 보편성을 온전히 포착해 낸다는 것을 의미한다. 이를 위해 두 가지 방안을 생각해 볼 수 있는데 첫째는, 일단 개별언어들에 대한 연구를 독립적으로 진행하고 난 뒤 그 연구 결과들을 모아 서로 대조하여 개별성과 보편성을 가려내는 것이고 둘째는, 보편성과 개별성을 동시에 포착해 주는 틀을 먼저 만들어 개별언어들을 대조적으로 연구해 가면서 틀 또한 지속적으로 보완하는 것이다. 첫 번째 방안에서는 문법 기술의 틀이 임의로 정해지기 때문에 종국에는 연구 결과들 간의 호환성 문제가 심각하게 제기될 수밖에 없다. 개별언어들에 일 대 일로 맞춘 문법 기술의 틀들 간에 차이점보다는 공통점이 더 많을 것이라는 기대는 너무도 순진한 생각일 것이다. 결국, 현실적으로 개별언어들끼리의 대조적인 연구를 가능하게 해 주는 이론 틀을 가지고 한국어 문법 연구에 임해야 한다. 한국어의 격 허가에 대해서도 대조언어학적인 문법 틀을 바탕으로 한 덕분에, 그렇지 않았을 때 서로 무관해 보였던 문법 현상들이 격 허가의 관점에서 일정한 계열관계에 놓임을 알 수 있었다. 아울러, 한국어 자료를 바탕으로 격 허가와 관련된 종전의 협소했던 일반적 담론을 확충해 볼 수 있었다. 대조언어학적인 이론 틀이 개별언어의 기술을 풍부하게 해 주고 개별언어가 보편적인 문법에 기여하는 한 대목이다.

문법 연구 결과의 도출에서 세 번째 단계는 '연구 자료'를 고르는 것이다. 여기서 저자는 '객관적인 문법'의 중요성을 강조했다. 객관적인 문법이란 객관화된 직관을 토대로 하는 문법을 뜻한다. 그리고 이러한 관점에서 말뭉치를 바탕으로 어근의 분포와 제약을 다루어 보았다.

생성문법의 도래 이후 직관은 언어 자료 공급의 가장 중요한 공급처가 되었다. 그것은 문법적인 문장뿐만 아니라 비문법적인 문장까지도 제공해 줌으로써 언어능력의 존재를 새삼 일깨워 주었다. 그러나 최근 컴퓨터의 발달로 인해 대규모의 말뭉치가 구축되고 검색되면서 직관의 한계를 지적하게 되었다. 그것은 사람마다 직관이 다를 수가 있고 한 사람에게서도 시간의 흐름에 따라 동일한 문장에 대한 상이한 판단이 나올 수 있다는 것이다. 그러나 면밀히 따져 보면 말뭉치 역시 이러한 문제들에서 전혀 자유로울 수 없음이 드러난다. 오히려 말뭉치는 비문법적인 문장은 보여주지 못한다는 단점을 지닌다. 그럼에도 불구하고 말뭉치를 통해 개인의 직관이 쉽게 미치지 못하는 영역에까지 이를 수 있다. '객관화된 직관'이란 개인의 '주관적인 직관'과 말뭉치의 한계를 극복한 것으로서 언어자료 제공의 중요한 새 공급원으로 삼을 만하다. 객관화된 직관이 제공해 주는 언어자료 덕분에 우리는 조어 과정에서 어근의 분포를 통제하는 의미론적 제약이 존재함을 밝혀 낼 수 있었다. 이러한 결과는 특히 개인 차원의 직관 수준에서는 예측하기가 거의 불가능하다. 말뭉치가 빛을 발하는 순간이다.

이상은, 어떤 특정한 문법 현상의 배후에 있는 원리가 무엇인지를 캐내는 과정에서 생각해 볼 수 있는 것들이다. 이제, 그렇게 해서 캐낸 원리가 그 자체로서가 아닌 문법의 더 큰 차원에서는 어떻게 해석될 수 있는지, 즉 문법의 전체적인 이론 체계 내에서 그것이 갖는 위상이 무엇인지를 음미하는 단계가 남아 있다.

먼저 이론의 차원에서 연구 결과를 해석하는 측면을 논의하였다. 여기서 저자는 '교차적인 문법'의 중요성을 강조했다. 교차적인 문법이란 단일 부문에 한정되지 않고 여러 부문에 두루 적용되는 언어 원리를 뜻한다. 그리고 이러한 관점에서 여타조건의 적용 사례들을 살펴보았다.

언어는 기호이다. 그 형식은 음성이며 그 내용은 의미이다. 언어학은 기호로서의 언어가 가진 특징을 밝히는 학문이다. 따라서 언어학의 연구 영역들은 언어의 형식과 내용을 따라 구획되기 마련이다. 음운론과 형태론, 통사론, 화용론, 의미론 등은 언어학의 하위 분야들로서 언어의 형식과 내용을 나누어 그 일부를 자신의 영역으로 삼는다. 제 분야의 이론들은 공히 요소와, 요소들 간의 관계를 명시하는 규칙, 그리고 그들이 속한 부문으로 구성된다. 제 이론들은 각자의 영역에서 해당 규칙들을 있는 대로 모두 찾아내려 하는 한편, 다시 그 규칙들을 간소화하려고 노력해 왔다. 일례로, 통사론에서 80년대는 지배·결속 이론을 통해 규칙에서 원리로 이행하는 단계였고, 90년대는 최소주의라는 이름 하에 여러 원리들을 경제성이라는 단 하나의 원리로 통합하고자 하는 시기였다. 이러한 노력은 모두 통사부라는 단일 부문 내에서의 일이다. 우리는 여기서 한 걸음 더 나아가 부문을 달리하는 원리들 간의 일반화가 가능하지 않을까 생각해 보았다. 이는 궁극적으로 언어학의 제 분야를 통괄하는 거대 이론(Grand Theory)을 꿈꾸는 것이다. 여타조건은 이러한 물음에 대한 한 가지 긍정적인 대답이다. 그것은 음운론의 주강세 부여 규칙에서뿐만 아니라 형태론의 저지 현상, 통사론의 최후수단 원리, 의미론에서의 어휘화, 그리고 화용론에서의 대화 격률에서 두루 나타난다. 이러한 작업을 통해 거시적인 이론 체계를 구축할 수 있다면, 문법 기술은 더욱 간소화되고 언어에 대한 이해 수준은 더욱 높아질 것이다.

한편, 언어단위의 차원에서도 연구 결과의 해석 문제를 다루었다. 여기서 저자는 '비단선적 문법'의 중요성을 강조했다. 비단선적인 문법이란, 확정성을 지닌 언어단위들과 불확정성을 지닌 언어단위들이 대등한 지위를 가진 채 공존하는 문법 체계를 뜻한다. 그리고 이러한 관점에서, 언어단위들에 대한 일반적인 개념 규정에 불확정성이 체계적으로 존재하며 그것을 유발하는 언어단위를 상당어라는 이름 하에 정식적인 언어 단위로 다룰 것을 제안하였다.

문법 기술에서 언어단위에 대한 정의는 사실상 복합적인 개념들의 연쇄이고 그러한 연쇄를 구성하는 개념들 간에는 인과관계가 형성되어 있다. 가령, 복합어는 '[+어휘부, -통사부]ˆ[+형태규칙, -통사규칙]ˆ[+형태단위, -통사단위]ˆ[+저장, 공시태n-1=공시태n]'로 나타낼 수 있는데, 그것을 구성하는 개념들은 '[어휘부]⇒[형태규칙]⇒[형태단위]⇒[+저장]⇒[통시적 연속성]'에서와 같이 인과관계를 맺고 있다. 방금 보인 것은 일반적인 언어단위를 규정하는 정의 가운데 일부이다. 그런데 언어단위 가운데 어떤 것은 위와 같은 일반적인 언어단위의 정의를 위반한다. 개념 연쇄에서 일어나는 이러한 위반을 '불확정성'이라 하고 그러한 불확정성을 일으키는 언어단위를 '상당어'라고 부른다. 불확정성에는 '부문-규칙'에서의 불확정성, '규칙-단위'에서의 불확정성, '단위-저장'에서의 불확정성, '저장-통시적 연속성'에서의 불확정성, '비저장-공시적 연속성'에서의 불확정성 따위가 있다. '구적 관용어'와 '연어', '어근적 단어', '유일형태소', '임시어', '조사 및 '이다' 선행 성분' 등은 상당어의 예들이다. 종전까지 이들을 무시하거나 다른 어떤 범주에 억지로 끼워 넣으려고 했었지만 이들은 기성의 범주들을 거부하며 자신들만의 고유한 질서를 주장한다. 그 결과 우리는 불확정성을 야기하지 않는 언어단위들과, 불확정성을 야기하는 언어단위들로 구성된 비단선적인 문법단위의 체계를 제안하게 되었다. 이는 비단선적인 음운론과 비견될 만하다. 등재성이나 시간성, 기능 따위의 기준에 입각하여 상당어들을 분류하고 각각의 유형별로 어떻게 불확정성을 유발하게 되는지를 구체적으로 따져 보았다. 이상의 논의는 아직 시작의 단계에 있지만 앞으로 꾸준히 연구된다면 언어단위의 성격과 체계를 이해하는 데 적지 않은 도움을 줄 것으로 기대된다.

참 고 문 헌

강명윤(1992), 「한국어 통사론의 제문제」, 한신문화사.

강명윤(1999), 격배당의 문제, 「국어의 격과 조사」(한국어학회
　　　편), 월인.

강명윤 역(1998), 「촘스키 언어학 사전」, 한신문화사.

강범모(2001), 「범주문법」, 고려대 민족문화연구원.

강영세(1986), Korean syntax and universial grammar, Harvard대학
　　　박사논문.

고광주(1994), 국어의 비대격 구문 연구, 고려대 석사논문.

고광주(2001), 「국어의 능격성 연구」, 월인.

고신숙(1987), 「조선어리론문법(품사론)」, 평양: 과학, 백과사전
　　　출판사.

고영근(1987), 「표준 중세국어문법론」, 탑출판사.

고영근(1993), 「우리말의 총체서술과 문법체계」, 일지사.

고영근·남기심(1983), 「국어의 통사·의미론」, 탑출판사.

고창수(1985), 어간형성접미사의 설정에 대하여, 고려대 석사논문.

고창수(1992), 고대국어의 구조격 연구, 고려대 박사논문.

고창수(1996), 형태 이론의 점검」, 「국어학」27, 233-250.

김무림(1992), 「국어 음운론」, 한신문화사.

김민수(1971), 「국어문법론」, 일조각.

김민수(1983), 「신국어학」, 일조각.

김민수 외 3인 편(1997), 「국어대사전」(초판 7쇄), 금성출판사.

김석득(1977), 국어의 존대의 같은 주고 받음(Reciprocal Use)과
　　　다른 주고 받음(Non-Reciprocal Use)에 대하여, 「언어」2-1.

김석득(1992), 「우리말 형태론」, 탑출판사.

김선희(1993), Division of labor between grammar and pragmatics: the distribution and interpretation of anaphora, Yale대학 박사논문.

김성화(1972), 기본문형 설정, 「국어교육연구」4, 경북대 사대 국어교육연구회.

김영석·이상억(1993), 「현대형태론」, 학연사.

김영주(1990), The syntax and semantics of Korean Case, Harvard대학 박사논문.

김영희(1986), 복합 명사구, 복합 동사구 그리고 겹목적어, 「한글」 193.

김용하(1999), 동사적 명사, 겹목적어, 그리고 동사 '하다', 「언어」 20-4.

김의수(1997), 국어 격중출 구문 연구, 고려대 석사논문.

김의수(1998가), 근대국어의 대우법, 「근대국어 문법의 이해」(홍종선 편), 박이정.

김의수(1998나), 국어의 격여과 회피 기제에 관하여: 자립격(Default Case)의 정립을 위하여, 한국어학회 제119차 월례발표회(고려대 인문강의동).

김의수(1999가), 핵이동과 격교체 양상, 「한국어학」9.

김의수(1999나), 비분리 명사의 통사론적 실현 양상에 관하여: 대격중출 구문을 중심으로, 「어문논집」40, 고려대 안암어문학회.

김의수(1999다), 자립격(Default Case)으로서의 대격 가능성 시고: 경동사 '하-' 구문을 중심으로, 「국어의 격과 조사」(한국어학회 편), 월인.

김의수(2000가), 대우 표시 어휘의 史的인 연구, 「한국어학」11.

김의수(2000나), 현대국어 대우법의 형성과 변천, 「현대국어의 형성과 변천2」(홍종선 편), 박이정.

김의수(2000다), ‘이다’ 논의 재검토, 「21세기 국어학의 과제」, 월인.

김의수(2001가), 비분리 명사를 가진 능격동사 구문 연구, 한국언어학회 2001 하계 언어학 학술대회(서강대 다산관).

김의수(2001나), 의미역 위계성과 주체 대우법 실현 양상, 생성문법학회 제3회 생성문법여름학교(건국대 문과대학).

김의수(2002가), 언어단위로서의 상당어 설정 시고, 「형태론」4-1.

김의수(2002나), 청자 대우법 문말어미 교체의 허가 원리 연구, 「언어학」31.

김의수(2002다), 국어의 격 허가 기제 연구, 「국어학」39.

김의수(2002라), ‘이다’ 재론, 「형태론」4-2.

김의수(2002마), 형식동사 ‘이다’의 문법, 「어학연구」38-3.

김의수(2003), 문법단위에서의 중간범주에 대한 연구: 문법단위의 비단선적인 체계에 관하여, 한국언어학회 2003년 여름학술대회(이화여대 소강당).

김의수(2004/2006), 「한국어의 격과 의미역: 명사구의 문법기능 획득론」(국어학총서55), 태학사.

김의수(2004), 상당어와 문법단위의 체계, 「형태론」6-2.

김의수(2005), 언어단위와 상보적 정의, 「형태론」7-2.

김의수·강범모(2002), 구문 분석 말뭉치 구축을 위한 분석의 원칙, 방법, 문제, 「제14차 한글 및 한국어 정보처리 학술대회 발표논문집」.

김의수 외 4인(2004), 말뭉치에 나타난 어근의 분포, 「코퍼스와 어휘 데이터베이스」(강범모 외 3인 편), 월인.

김일환(2000), 어근적 단어의 형태·통사론, 「한국어학」11.

김일환(2003), 국어의 어근과 어근적 단어, 「형태론」5-1.

김정수(1984), 「17세기 한국말의 높임법과 그 15세기로부터의 변천」, 정음사.

김정수(1996), 높임법의 등분, 「말」21.

김진해(2000), 「연어 연구」, 한국문화사.

김진형(1996), 품사전환에서의 의미변화, 「언어」21-4.

김한샘(1999), 현대 국어 관용어의 계량언어학적 연구, 연세대 석
　　　사논문.

김홍규·강범모(2000), 「한국어 형태소 및 어휘 사용 빈도의 분석
　　　1」, 고려대 민족문화연구원.

남기심·고영근(1987), 「표준 국어문법론」, 탑출판사.

대동문화연구원(1991), 「고등학교 문법」, 대한교과서 주식회사.

도원영(2000), 「민연 국어 사전」(가칭)의 표제어 선정과 그 실제
　　　에 대하여, 「한국어학」12.

박승윤(1997), '밖에'의 문법화 현상, 「언어」22-1.

박승혁(1997), 「최소주의 문법론」, 한국문화사.

박영순(1976), 국어경어법의 사회언어학적 연구, 「국어국문학」
　　　72·73합집.

박진호(1994), 통사적 결합관계와 논항구조, 「국어연구」123, 서
　　　울대 국어연구회.

박진호(1999), 형태론의 제자리 찾기, 「형태론」1-2.

박진호(2003), 관용표현의 통사론과 의미론, 「국어학」41.

성기철(1970), 국어대우법연구, 「충북대학논문집」4.

성기철(1979), 경험과 추정: '-겠-'과 '-을 것이-'를 중심으로, 「문
　　　법연구」4.

성기철(1985), 현대 국어 대우법 연구, 서울대 박사논문.

손호민(1983), Power and solidarity in Korean language, *Korean
　　　Linguistics* 3.

송원용(2000), 현대국어 임시어의 형태론, 「형태론」2-1.

송철의(1993), 언어변화와 언어의 화석, 「국어사 자료와 국어학
의 연구」, 문학과 지성사.

시정곤(1994), 「국어의 단어형성 원리」, 국학자료원.

시정곤(2000), 공형태소를 다시 생각함, 「한국어학」12.

시정곤(2001), 명사성 불구어근의 형태·통사론적 연구, 「한국어
학」14.

신지영(2000), 「말소리의 이해」, 한국문화사.

안명철(1995), '이'의 문법적 성격 재고찰, 「국어학」25.

안상철(1998), 「형태론」, 민음사.

양동휘(2000), 「최소주의 통사론」. 미출간원고.

엄정호(1989), 소위 지정사 구문의 통사구조, 「국어학」18.

엄정호(1993), '이다'의 범주 규정, 「국어국문학」110.

유송영(1996), 국어 청자 대우 어미의 교체 사용(switching)과 청자
대우법 체계: 힘(power)과 유대(solidarity)의 정도성에 의한
담화 분석적 접근, 고려대 박사논문.

윤정미(1996), Verbal coordination in Korean and English and the
checking approach to verbal morphology, 「언어」21-4.

윤혜석(1989), A restrictive theory of morphosyntactic interaction and
its consequences, Illinois대학 박사논문.

이관규(1992), 격의 종류와 특성: 속격과 접속격의 존재에 대한
부정적 견해, 「국어학연구백년사Ⅰ」(고영근 외 3인 편),
일조각.

이광호(1988), 「국어 격조사 '을/를'의 연구」, 탑출판사.

이기문·김진우·이상억(1984), 「국어음운론」, 학연사.

이남순(1999), '이다'론, 「한국문화」24, 서울대 한국문화연구소.

이선웅(2004), 국어 명사의 논항 구조 연구, 서울대 박사논문.

이익섭(1975), 조어론의 몇 문제, 「동양학」5.

이익섭·임홍빈(1983), 「국어문법론」, 학연사.

이익환(1995), 「의미론 개론」(수정 증보판), 한신문화사.

이정복(1996), 국어 경어법의 말 단계 변동 현상, 「사회언어학」 4-1.

이정복(1999), 국어 경어법의 전략적 용법에 대하여, 「어학연구」 35-1.

임해창 외(2001), 구문 태그 부착 말뭉치 구축 도구 개발, 21세기 세종계획 국어기초자료구축분과 제2차 워크숍.

임홍빈(1987), 「국어의 재귀사 연구」, 신구문화사.

임홍빈(2002), 한국어 연어 개념과 그 통사·의미적 성격, 「국어학」39.

전상범(1980), 「생성음운론」, 탑출판사.

전상범(1995), 「형태론」, 한신문화사.

정태구(2005), 「영어통사론」, 고려대 출판부.

조성식(1990), 「영어학사전」, 신아사.

채현식(2001), 한자어 연결 구성에 대하여, 「형태론」3-2.

최경봉(1992), 국어 관용어 연구, 고려대 석사논문.

최호철(1993), 현대 국어 서술어의 의미 연구, 고려대 박사논문.

한 길(1986), 들을이높임법에서의 반말의 위치에 관하여, 「국어학신연구」(유목상 외 5인 편), 탑출판사.

한국어학회 편(1999), 「국어의 격과 조사」, 월인.

한정한(1993), ‘하-’의 조응적 특성과 통사정보, 「국어학」23.

한정한(1994), [[XP] 하-] 구성의 논리형태와 격, 「한국어학」1.

한학성(1995), 「생성문법론」, 태학사.

허 웅(1975), 「우리 옛말본: 15세기 국어형태론」, 샘문화사.

홍기선(1991), Argument selection and Case marking in Korean, Stanford대학 박사논문.

홍용철(1994), 융합이론과 격조사 분포, 「생성문법연구」4-1.

홍종선(1998), 명사의 사전적 처리, 「새국어생활」8-1.

홍종선(1999), 생성문법과 국어의 격, 「국어의 격과 조사」(한국어
학회 편), 월인.

홍종선 외 2인 편역(1993), 「장벽이후의 생성문법」, 집문당.

황규홍(1997), Nominative and Default Case checking in minimalist
syntax, Washington대학 박사논문.

Aronoff, M.(1976), *Word formation in generative grammar*, MIT
Press.

Baker, M. C.(1988), *Incorporation*, The University of Chicago Press.

Belletti, A. & L. Rizzi(1986), Psych-Verbs and Θ-Theory, *MIT-Lexicon
Papers* 13.

Burzio, L.(1986), *Italian syntax*, Dordrecht: Reidel.

Chomsky, N.(1981), *Lectures on Government and Binding*, Dordrecht:
Foris.

Chomsky, N.(1986a), *Knowledge of language: its nature, oringe, and
use*. New York: Praeger.

Chomsky, N.(1986b), *Barriers*, MIT Press.

Chomsky, N.(1993), A minimalist program for linguistic theory, In
K. Hale & S. J. Keyser(eds.), *The view from building 20*, MIT
Press.

Chomsky, N.(1995), *The minimalist program*. MIT Press.

Chomsky, N.(1998), Minimalist inquiries: the framework. *MIT
Occasional Working Papers in Linguistics* 15.

Chomsky, N.(1999), Derivation by phase, *MIT Occasional Papers in
Linguistics* 18.

Chomsky, N. & H. Lasnik(1993), The theory of principles and

parameters, In J.Jacobs, A. von Stechow, W. Sternefeld, and T. Vennemann(eds.), *Syntax: an international handbook of contemporary research* 1, Berlin: de Gruyter.

Chomsky, N. & M. Halle(1968), *The Sound Pattern of English*, New York: Harper & Row.

Collins, C.(2001), Economy Conditions in Syntax, In Baltin, M. and C. Collins(eds.), *The handbook of contemporary syntactic Theory*, Blackwell Publishers.

Di Sciullio, A.M. & E. Williams(1987), *On the definition of word*, MIT Press.

Grice, P. H.(1975), Logic and Conversation, In D. Davidson & G. Harman(eds.), *The logic of grammar*, Encino, Cal: Dickenson Publishing Co.

Gruber, J. S.(1973), ǂHóã kinship terms, *Linguistic Inquiry* 4.

Horn, L. R.(1984), Toward a new taxonomy for pragmatic inference: Q-based and R-based implicature, In D.Schiffrin(eds.), *Georgetown Round Table on Language and Linguistics 1984*, Georgetown University Press.

Huang, J.(1982), *Logical Relations in Chinese and the Theory of Grammar*, MIT Press.

Kiparsky, P.(1973), 'Elsewhere' in phonology, In Anderson, S. and P. Kiparsky(eds.), *Festschrift for Morris Halle*, New York: Holt, Rinehart and Winston.

Kiparsky, P.(1982), From cyclic phonology to lexical phonology, In van der Hulst and N. Smith(eds.), *The structure of phonological representations* Ⅱ, Dordrecht: Foris.

Kisseberth, C. W.(1970), On the functional unitary of phonological rules, *Linguistic Inquiry* 1-3.

Levinson, S.(1987), Pragmatics and the grammar of anaphora: a partial pragmatic reduction of binding and control phenomena, *Journal of Linguistics* 23.

Lightfoot, A.(1999), *The development of Language: acquisition, change, and evolution.* Blackwell Publishers.

Mey, J. L.(1993), *Pragmatics: an introduction.* Blackwell Publishers.

Selkirk, E. O.(1982), *The syntax of words.* MIT Press.

Spencer, A.(1991), *Morphological Theory: an Introduction to Morphology in Generative Grammar.* Oxford: Blackwell.

Stowell, T.(1981), *Origins of phrase structure*, PhD dissertation, MIT.

Uriagerecka, J.(1998), *Rhyme and Reason.* MIT Press.

▌ 찾아보기 ▌

【ㄱ】

가설　58
가시성 조건　63, 72, 80
강세　118
강어휘론자 가설　87
개념 연쇄　145
개념적 가공물　64
개별성　56, 120
개별언어　14, 56, 58, 59
개화기　30
객관성　93
객관적인 문법　15, 91
객관화된 직관　95
객체 대우법　30
거대 이론　121
격　61
격 격자　74
격 교체　62
격 여과　63, 68, 80
격 여과 회피 기제　64
격 이론　61, 63, 121

격 자질　73
격 저항 원리　63
격 점검　64, 86
격 퍼짐　87, 88
격 표지　72
격 할당　64, 86
격 할당자　70, 78
격 허가　70
격 허가 기제　61
격 허가자　80
격 형태　74, 86
격식체　33, 34, 49
결속 이론　121
결합 위치　102
결합관계　98, 104
경동사　65
경제성　121, 138
계열관계　99, 169
고립적인 문법　55
공모성　123
공범주 원리　66
공시 문법　175

공시 상당어   163

공시적 생산성   175

공시적 연속성   143, 155

공시태   112, 143, 177

공형태소   176

과학   93

관련성   134

관용어   154, 165, 171

관찰적 타당성   120

관형사   177

교차부문   117, 121

교차적인 문법   16, 117

구   118, 144

구 상당어   167

구문   151

구적 관용어   145, 150, 156, 165

구조 회복의 원리   166

구조격   62, 77

구조격 조사   76

구조격 체계   80

구조적 형상   77

국어사   50, 90

굴절접사   100

귀납   57

귀류법   48

규범문법   91

규칙   119, 142

극대화 원리   129

근대 학문   59

근대국어   26

근대화   59

근사치   148

기능   163

기능적 단일성   123

기능적인 문법   25

기술문법   91, 95, 120

기술적 가공물   151

기술적 타당성   120

기호   117

【ㄴ】

내용   57, 117

논항구조   74

높임의 의향   27

뇌   92

【ㄷ】

단선적인 문법체계   151

단어   118, 151, 165

단어 상당어   151, 163, 168

단어 형성   174

단어성 자질   168

단위의 차원   16, 141

단일부문   117, 121

단일어   144

담화 차원   50
대격   78
대등접속 구문   88
대우 등급   26
대조언어학   59
대화   29
대화 격률   134
도출의 최적성 가설   87, 88
독립어   154
동남방언   70
동사 격   82
동사 굴절   88
동사 상당어   178
동사구   35, 151
동사구 상당어   151, 167
두루낮춤   33
두루높임   33
등재   163
등재 상당어   163
등재소   165

【ㅁ】

마음   92
말 단계 변동   27
말뭉치   15, 93, 97
매개변수   120
메타 이론   122
명령형 어미   35

명사   154, 177
명사 상당어   154, 168, 175
명사구   64
명사구 상당어   174
명사포합   64, 65, 85
명사형   176
명사형 어미   145
명사화 접미사   146
모어   92
모어 화자   92
모음   118
무정격   78
무표격   78
문법기능   74
문법단위   157
문법성   92
문법체계   16, 168
문법형식   163
문법형태화   170
문장   118, 151
문장 구조   62
문장 상당어   151, 154, 167
문장 차원   50
문헌   95
미분화 어근   101

【ㅂ】

반례   97

반말　39

반말체　36

반증가능성　24

발화　29

발화 단위　29

방향역　73

배경 지식　28

배번집합　86, 89

범주 이동　87

범주화　148

변별적 자질　150

변항　69

보어　82

보조사　64, 68, 167

보조사 첨가　68

보충어　67

보편문법　61, 71

보편성　56, 120

보편언어　14

보편적인 문법　15, 55

복선 음운론　150

복수　127

본유격　62, 72, 76

본유적 지식　23

부문　16, 119, 142

부사　172

부사격 조사　76

부사구　87, 172

분류 명칭　151

분절음　118, 150

분화 어근　101

불구 어근　99

불확정성　147, 150, 155, 158, 164

불확정성 원리　149

비격식체　33, 36, 49

비능격　82

비단선 음운론　150

비단선적 문법　16, 141

비단어 상당어　163, 167

비대격　82, 84

비등재 상당어　163

비상당어　148, 150

비상태동사　82

비의미역 위치　83

비행위자성　81

【ㅅ】

사격 표지　76

사전 편찬　180

사전적 단어　181

삼단논법　48

삼투　82

상당어　148, 150, 153, 155, 158

상보성의 원리　149

상보적 정의　149

상태동사　82

상태변화성　81

상태성　78, 81
생성문법　15, 59, 86, 91, 120
서술성 명사　65, 80
서술양상　71
서열성　34
선택제약　98
설명적 타당성　120
성분지휘　79
성조　118, 150
소절　71
속격　77
수의성　89
순환론　33
술부내 주어 가설　83
시각능력　21
시각체계　21
시간성　163
시제절　63
실질용언　69
실험　58
심층격　72

【ㅇ】

아주낮춤　33
아주높임　33
양　134
양자역학　149
양태　134

어근　97, 165
어근 상당어　170
어근성 자질　168
어근적 단어　146, 151, 167, 191
어말어미　26, 35
어미　100, 163
어미 상당어　171, 181
어순공리　139
어휘격　72, 76
어휘격 조사　72
어휘격 표지　72, 76
어휘고도제약　150
어휘부　119, 142, 150, 155, 163
어휘의미론　130
어휘적 범주　79, 172
어휘적 의미　77
어휘정보　143
어휘항목　128, 131
어휘화　131
어휘확인규칙　127
언어 감각　31
언어 보편성　59, 187
언어 이론　119, 125, 139
언어능력　21, 23, 25, 92
언어단위　16, 142, 153
언어의 공모성　124
언어자료　92
언어지식　14, 23, 28
언어체계　22, 28

언어학   118
언중   178
엑스바 이론   121
여타조건   123
연구의 도구   15, 55
연구의 목표   14, 21
연구의 자료   15, 91
연속성   142
연쇄   63
연쇄조건   63
연어   146, 170
연역   57
영가설   67
영격   64
예사낮춤   33
예사높임   33
완전해석 원리   121
외국인   24, 28
우연적인 격   87, 88
워드넷   113
원리   120, 151
원리와 매개변수   59, 120
원시 말뭉치   99
유대   27
유일형태소   146, 151, 169, 178, 191
음성   118
음성 행렬   92
음운 규칙   119, 123
음운 부문   119

음운 요소   119
음운론   118
음운론적 단어   165
음운부   119
음절   118
의도   27
의문사   69, 70
의미   118
의미 규칙   119
의미 부류   98
의미 부문   120
의미 요소   119
의미 자질   98, 130
의미 자질 수형도   131
의미 정보   104
의미격   72
의미격 표지   72
의미론   130
의미부   120
의미역   72
의미역 격자   74
의미역 이론   64, 121
의미역 준거   63
의미의 합성성   145, 156, 167
의존격   77, 80
이다   146, 191
이동   85, 87, 129
이론 틀   14
이론의 경제성   87

이론의 차원　16, 117
이야기　118
이완모음　125
이접 원리　131
이접적 순서　125
인과관계　148, 156
인디언　92
인접성 조건　48
인지 활동　23
일반 규칙　127
일반화　121
일치이론　61, 89
임시어　146, 174, 191
임시어 형성 접사　174

【ㅈ】

자립격　64, 77, 80
자립격 허가 원리　81
자매관계　77
자생 이론　59
자연과학　139, 149
자연부류　149
자연언어처리　15, 180
자음　118
자의성　57
자질 이동　87
자질유인 이론　61
잠재어　145, 174, 176

장르　94
장벽　83
저장　142, 155, 157, 171
저지　127
적정 포괄　128
전자　149
전자사전　113
전치사　74
전통문법　91, 120
절　172
점검이론　61, 87
접사　151
접합점　64
제자리 의문사 언어　69
조사　61, 146, 163, 191
조사 상당어　171
존칭 대립　30
주강세　125
주격　69, 78
주관적인 직관　95
주어　129
주제　77
주제의 격-여과 면제 조건　68
중간범주　148, 159
중세국어　26
지배　79
지배·결속이론　120
지배 이론　121
지연원리　129

지칭어　30
직관　15, 92, 97
질　134

【ㅊ】

처방문법　91
청자　26, 136
청자대우법　25, 26
체언 상당어　154
초분절음　118
초분절음소　150
초점　77
최소주의 프로그램　121
최후수단　129
추상격　72
추상화　55
친족 어휘　130

【ㅋ】

컴퓨터　15

【ㅌ】

타동　82
통사 규칙　119, 142, 155
통사 부문　119

통사 요소　119
통사 정보　104
통사 조작성　85
통사격　73
통사구성　145
통사단위　142, 155, 157, 176
통사론　119, 128
통사론적 절차　173
통사부　119, 142, 155
통사원자　143, 165
통사적 범주　172
통사정보　143
통시 상당어　163
통시적 연속성　143, 155, 178, 191
통제 이론　121
투사원리　75, 121, 155, 173
특수 규칙　127

【ㅍ】

파생접사　165
패러다임　57, 141
평가 척도　120
포함관계　132
품사　154
품사 전성　173
품사 파생　173
프로그램　24

【ㅎ】

한계 이론　121
합성어　99, 143
해석　135
해석 조건　63
행위자성　81
허가의 원리　121
현대국어　27
현대국어 전기　30
현대국어 후기　31
협동원칙　134
형식　57, 117
형식논리　48
형식용언　71, 80
형식적인 문법　14, 21, 25
형식주의　50
형용사　81, 154, 172
형태 부문　119
형태 부착성　85
형태 요소　119
형태 정보　104
형태 표지　74
형태규칙　119, 142, 155, 176
형태단위　142, 155, 171
형태론　118, 127
형태론적 절차　173
형태부　119
형태소　118, 151

형태소 상당어　151
호격　30
호응　43
호응역　30, 36
호칭어　30, 35
호환성　57, 187
홈　74
화계　47
화석　145, 176
화석형　177
화석화　177
화용 규칙　119
화용 부문　119
화용 요소　119
화용론　119, 134
화용부　119
화용적 표지　69
화자　26
확대범주　148, 162
확정성　156
활용의 편재성　170
후치사　76, 81
흔적　63
힘　27

❑ 김의수

- 서울시 종로구 출생
- 고려대학교 문과대학 국어국문학과 졸업
- 고려대학교 대학원 국어국문학과 졸업(문학박사 2004)
- 영국 런던대학 SOAS 박사후 연수(2005)<한국학술진흥재단>
- 고려대학교 민족문화연구원 선임연구원<구문분석, 사전편찬>
- 한국어학회 총무간사, 학술지「형태론」편집간사
- 고려대학교, 순천향대학교, 한국외국어대학교 강사
- 고려대학교 석탑강의상 대표 수상(2006)
- 대한민국 학술원 우수학술도서 선정(2007)
- 현재 고려대학교 민족문화연구원 연구조교수

주요 논저

- 『한국어의 격과 의미역』(2006)<국어학총서55(국어학회), 대한민국학술원 우수 학술도서(2007)>
- 「핵이동과 격교체 양상」(1999),
- 「형식동사 '이다'의 문법」(2002),
- 「상당어와 문법단위의 체계」(2004),
- 「언어단위와 상보적 정의」(2005),
- 「환언관계 속담들의 통사구조 비교」(2007)
- 「문장은 내심적인가 외심적인가」(2007)
- 「'대개'의 수식과 그 기능부담량」(2007)
- 「한국어의 부정 극성 용언을 찾아서」(2007)